Découvertes 4

Verbenlernheft

von
Marlène Cloßen

Ernst Klett Verlag
Stuttgart · Leipzig

VORWORT

Verben lernen mit dem Verbenlernheft

Dieses Verbenlernheft im Taschenformat soll dir dabei helfen, die Verben von *Découvertes* zu wiederholen. Du kannst in Pausen oder im Bus kleine Übungen zu den Verben machen oder Verbformen nachschlagen, die dir gerade nicht mehr einfallen.
Am Anfang jeder *Leçon* findest du eine Auflistung aller Verben, die hier vorkommen. Die Zahl **(N°)** in der rechten Spalte gibt dir an, in welcher Verbtabelle im Mittelteil des Heftes du die gesuchte Verbform findest.
Willst du unabhängig von einer *Leçon* eine Verbform nachschlagen, hilft dir die alphabetische Verbenliste am Ende des Verbenlernheftes weiter. Hier findest du ebenfalls Verweise auf die entsprechenden Verbtabellen **(N°)**. Die Angabe der Fundstelle in deinem Buch (z. B. **IV 4, 9** = Band 4, *Leçon 4*, Übung 9) zeigt dir sofort, ob ihr ein Verb schon durchgenommen habt oder nicht.
Einige Verben musst du auch noch gar nicht können. Dies erkennst du an den Klammern an einem Verb: [ ] bedeutet, dass du das Verb nur dann lernen musst, wenn ihr es in der Schule auch durchgenommen habt. < > bedeutet, dass du von diesem Verb nur einzelne Formen kennen musst, weil ihr das Verb als Ganzes noch nicht behandelt habt. Du musst es noch nicht vollständig konjugieren können.
Dieselben Klammern findest du auch im Mittelteil mit den Verbtabellen wieder. Sind hier nur einzelne Zeiten eingeklammert, bedeutet das, dass du diese auch noch nicht können musst.
Zusätzlich findest du hier einen Verweis auf den Paragrafen in deinem *Grammatischen Beiheft* (z. B. **IV § 21** = Band 4, Paragraf 21), in dem du das Verb noch einmal ausführlich anschauen kannst.
Die Verben, die im Mittelteil mit den Verbtabellen und in der alphabetischen Verbenliste mit einem Sternchen (*) gekennzeichnet sind, bilden das **Passé composé** mit ***être***.

Viel Spaß und Erfolg!
Dein *Découvertes*-Team

LEÇON 1

Texte: Le trafic d'étiquettes

		N°
maquiller qn [makije]	jdn. schminken	**1a**
convoquer qn [kõvɔke]	jdn. bestellen, jdn. kommen lassen	**1a**
tenir qn/qc [tәniʀ]	jdn./etw. halten	**8**
décider de **faire** qc [deside]	beschließen, etw. zu tun; entscheiden, etw. zu tun	**1a, 6**
laisser qn **faire** qc [lesefɛʀ]	jdn. etw. machen lassen	**1a, 6**
s'habiller [sabije]	sich anziehen, sich kleiden	**1a**
accepter qn/qc [aksɛpte]	jdn./etw. akzeptieren; jdn./etw. annehmen	**1a**
faire venir qn [fɛʀvәniʀ]	jdn. kommen lassen	**6, 8**
souhaiter qc [swete]	etw. wünschen	**1a**
renvoyer qn de qc [ʀɑ̃vwaje]	jdn. von etw. verweisen	**26**
exiger qc [ɛgziʒe]	etw. verlangen, etw. fordern	**1f**
tourner mal [tuʀnemal]	eine schlechte Wende nehmen	**1a**
prendre peur [pʀɑ̃dʀәpœʀ]	Angst bekommen	**13**
tomber amoureux de qn [tõbeamuʀø]	sich in jdn. verlieben	**1a**
se débrouiller [sәdebʀuje]	zurechtkommen, sich zu helfen wissen	**1a**

Pratique

3	**garder** qc [gaʀde]	etw. bewachen; *(hier)* etw. behalten	**1a**
4	**enlever** qn/qc [ɑ̃l(ә)ve]	etw. ausziehen; etw. abräumen; jdn. entführen	**1c**

! Nach *être d'avis que, croire que, penser que, espérer que* und *trouver que* steht der ***Indikativ*** und nicht der *Subjonctif.* **Aber:** Nach *trouver + Adjektiv + que* steht der ***Subjonctif.*** (§ 2)

LEÇON 1

TIPP Bildung und Gebrauch des *Subjonctif*:

a) Schau dir die Verbformen des Präsens und des *Imparfait* noch einmal gut an.

b) Bei ***nous*** und ***vous***: Formen des *Imparfait* = Formen des *Subjonctif*.

c) Achte auf die 7 Sonderformen. Alle anderen Verben bilden den *Subjonctif* nach der Grundregel.

d) Alle *Subjonctif*-Auslöser enden mit *que*, aber nicht jedes *que* zieht den *Subjonctif* nach sich. (§ 1, § 2)

1. Trage die gesuchten Formen des *Subjonctif* ein. (§ 1)

a) nous – laisser

b) ils – prendre

c) elles – savoir

d) je – pouvoir

e) il – aller

f) je – avoir

g) vous – être

h) tu – faire

i) tu – tenir

j) tu – attendre

k) elle – choisir

2. **Ändere die Sätze wie im Beispiel.** (§ 1, § 2)

Bsp.: Tu dois faire tes devoirs.
Il faut que tu fasses tes devoirs.

a) Ils doivent aller au supermarché.

____

b) Tu ne dois pas avoir peur.

____

c) Ils ne doivent pas partir.

____

d) Vous ne devez pas renvoyer cet élève.

____

e) Nous devons nous habiller chic.

____

f) Je dois savoir où est Paul.

____

3. ***Indikativ* oder *Subjonctif*? Setze die richtigen Formen ein.**
(§ 2)

Le proviseur du lycée Albert Camus exige que nous, les élèves, nous ______________________ (porter) des vêtements corrects. A l'école, il y a une règle: elle interdit que nous ______________ ______________ (acheter) des fringues qui laissent voir le ventre, par exemple, ou que nous ______________ (avoir) un piercing. Le proviseur veut que tout le monde la ______________ (connaître) car il faut qu'il ______________ (renvoyer) les élèves qui ne sont pas d'accord avec cette règle. Après, il est d'avis que les élèves ________________ (pouvoir) s'habiller comme ils aiment. Les parents trouvent aussi que c'________ (être) une bonne règle et ils espèrent qu'elle ne ____________________ (changer) pas. Ils sont contents que leurs enfants ______________ (aller) dans des magasins pas chers et à la mode, et qu'ils ____________ (savoir) bien choisir les vêtements dont ils ont besoin. Nous, les jeunes, nous croyons aussi que c'________ (être) une bonne règle. Nous proposons que chaque enfant ______________ (pouvoir) mettre les fringues qu'il veut, même ringardes, quand elles sont correctes. Et nous trouvons important que les parents qui ont de l'argent ne ______________ (vouloir) pas acheter seulement des vêtements de marque à leurs enfants.

Die Lösungen zu den Übungen findest du auf Seite 95.

LEÇON 2

Texte: La grande découverte

		N°
permettre à qn de **faire** qc [pɛʀmɛtʀ]	jdm. erlauben, etw. zu tun	19, 6
poser sa candidature à qc [pozesakɑ̃didatyʀ]	sich bewerben auf etw.	1a
prier qn de **faire** qc [pʀije]	jdn. bitten, etw. zu tun	1a, 6
Ça y **est**! [sajɛ]	Das wär's!, Geschafft!	4
remercier qn de/pour qc [ʀəmɛʀsje]	jdm. für etw. danken, sich bei jdm. für etw. bedanken	1a
nettoyer qc [nɛtwaje]	etw. reinigen, etw. säubern	1g
participer à qc [paʀtisipe]	an etw. teilnehmen	1a
N'**importe** quoi! [nɛ̃pɔʀtəkwa]	So ein Quatsch!	1a
sourire [suʀiʀ]	lächeln	28
creuser qc [kʀøze]	etw. (aus)graben	1a
s'apercevoir de qc [sapɛʀsəvwaʀ]	etw. bemerken	27
être enterré(e) [ɛtʀɑ̃tɛʀe]	begraben sein	4

Pratique

3	**bosser** *(fam.)* [bɔse]	schuften *(ugs.)*	1a
4	**donner** rendez-vous à qn [dɔneʀɑ̃ndevu]	sich mit jdm. verabreden	1a
8	**s'engager** pour qc [sɑ̃gaʒe]	sich für etw. einsetzen	1f
11	**passer** un entretien [paseɛ̃nɑ̃tʀətjɛ̃]	ein Bewerbungsgespräch führen	1a
11	**mener** qn/qc [m(ə)ne]	jdn./etw. führen, jdn./etw. leiten	1c
12	**réaliser** qc [ʀealize]	etw. verwirklichen	1a

! Im Bedingungssatz steht nach ***si*** **niemals** das ***Conditionnel*** oder das ***Futur***. (§ 6)

LEÇON 2

si („falls") = Bedingung: Es ist nicht sicher, ob es (überhaupt) passieren wird.
quand („sobald", „jedes Mal, wenn") = Es ist sicher, dass es passieren wird; es ist nur eine Frage der Zeit. (§ 7)

TIPP Das ***Conditionnel présent*** wird wie das ***Futur simple*** gebildet, sie haben denselben Stamm. Du musst dir nur die abweichenden Endungen merken, die denen des ***Imparfait*** entsprechen. (§ 4)

1. **Um welche/n Zeit/Modus handelt es sich? Kreuze an.** (§ 4)

	Imparfait	Futur simple	Cond. prés.		Imparfait	Futur simple	Cond. prés.
nous irions				je ferai			
tu souriras				ils permettraient			
il nettoyait				elle souriait			
il recevrait				ns. ns. apercevrons			
vous serez				tu t'apercevrais			
elles remerciaient				elle passait			
vous creusiez				elle sera			
ns. ns. engagerons				vous souririez			
ils participeraient				tu apprendras			
tu prieras				ils écrivaient			
elle poserait				nous nettoierions			
nous écririons				je menais			
vs. vs. aperceviez				tu recevras			
tu remercieras				je m'engagerais			

LEÇON 2

2. Finde die richtigen Formen des *Conditionnel présent.* (§ 4)

Bsp.:	elles	(écouter)	écouteraient
a)	tu	(chercher)	
b)	ils	(répondre)	
c)	vous	(dire)	
d)	je	(être)	
e)	elle	(finir)	
f)	nous	(acheter)	

3. Welcher Satz trifft die Bedeutung des vorgegebenen Satzes am ehesten? Kreuze die richtige Antwort an. (§ 4, § 5)

a) Würdest du putzen?	☐	Nettoyais-tu?
	☐	Nettoierais-tu?
	☐	Nettoieras-tu?
b) Pourrais-tu …?	☐	Könntest du …?
	☐	Konntest du …?
	☐	Kannst du …?
c) sie würden schicken	☐	ils/elles enverront
	☐	ils/elles voudraient envoyer
	☐	ils/elles enverraient
d) Möchtest du?	☐	Voulais-tu?
	☐	Pourrais-tu?
	☐	Voudrais-tu?
e) Ich würde sagen, dass …	☐	Je dirai que …
	☐	Je dirais que …
	☐	Je disais que …
f) A ta place, nous partirions.	☐	An deiner Stelle, würdet ihr gehen.
	☐	An deiner Stelle, würden wir gehen.
	☐	An deiner Stelle, wollten wir gehen.

4. **Bilde Bedingungssätze und bringe die Verben in die richtige Form.** (§ 6)

a) (trouver) un squelette, / il lui (donner) / Si Paul / son nom.

____

b) le feu, / S'il y (avoir) / je (avoir) peur.

____

c) Si les animateurs / à la fin des vacances. / aucun ne les (remercier) / (ne pas être) sympas,

____

d) si chacun (vouloir refaire) un stage. / nos amis l'année prochaine / On (retrouver) tous

____

e) sa candidature / si elle (réussir) / Caroline (poser) / le baccalauréat.

____

5. ***si* oder *quand*? Fülle die Lücken aus.** (§ 7)

a) ________ vous aurez des expériences professionnelles, vous trouverez plus facilement du travail.

b) Nous sommes toujours déçus ________ nous ne trouvons rien.

c) Je gagnerai un peu d'argent ________ je fais des petits boulots.

d) ________ tu aimes l'archéologie, alors fais un stage!

Die Lösungen zu den Übungen findest du auf Seite 95.

LEÇON 3

Entrée: Vive l'Europe et ses langues!

		N°
Vive …! [viv]	Es lebe …!	**23**
compléter qc [kɔ̃plete]	etw. vervollständigen	**1d**
étudier qc [etydje]	etw. studieren	**1a**

Texte: Le drapeau à douze étoiles

traduire qc [tʀadɥiʀ]	etw. übersetzen	**31**
goûter à qc [gute]	etw. probieren, etw. kosten	**1a**

Pratique

3	**motiver** qn [mɔtive]	jdn. motivieren	**1a**
6	**regretter** qc [ʀ(ə)gʀete]	etw. bedauern	**1a**

1. **Ergänze die Tabellen, indem du, wie im Beispiel, die passenden Objektpronomen einsetzt.** (Rév. 10, Rév. 12)

	a) les ballons	**b)** l'ordinateur	**c)** la télévision
Je répare.	*Je les répare.*		
Je vais réparer.			

	d) à mes amis	**e)** à mon frère	**f)** à ma sœur
Il parle.	*Il leur parle.*		
Il a parlé.			
Il va parler.			

2. **Ergänze die Tabelle, indem du, wie im Beispiel, *y* oder *en* verwendest.** (§ 12)

	Aussagesatz	Verneinung
a) Elle habite aux Etats-Unis.		Elle n'y habite pas.
b) Elle a habité en France.		
c) Elle va habiter au Portugal.		
d) Je viens des Pays-Bas.		
e) Je suis venue d'Allemagne.		
f) Je vais revenir du Danemark.		

3. **Finde die richtige Verbform und ergänze, wo nötig, die richtige Präposition. Ersetze die unterstrichenen Satzteile durch ein Pronomen.** (§ 12, § 13)

Bsp.: Alain / ne pas réussir (*Futur simple*) / motiver son frère.
Alain ne réussira pas à le motiver.

a) Elle / aimer (*Präsens*) / chanter les chansons françaises.

____

b) Ils / ne pas vouloir (*Präsens*) / goûter à la choucroute.

____

c) Nous / ne pas commencer (*Passé comp.*) / traduire le texte.

____

d) Tu / ne pas préférer (*Präsens*) / parler de ton problème?

____

Die Lösungen zu den Übungen findest du auf Seite 96.

LEÇON 4

Entrée: Une bagarre

		N°
taguer [tage]	Graffiti anbringen, sprühen	1a

Texte: La crise

essayer de **faire** qc [eseje]	versuchen, etw. zu tun	1g, 6
s'en faire [sɑ̃fɛʀ]	sich Sorgen machen	6
avoir confiance en qn/qc [avwaʀkɔ̃fjɑ̃ns]	in jdn./etw. Vertrauen haben	5
mêler qn à qc [mele]	jdn. in etw. verwickeln	1a
réviser qc [ʀevise]	etw. wiederholen; etw. überprüfen	1a
prétendre qc [pʀetɑ̃dʀ]	etw. behaupten	2
mentir [mɑ̃tiʀ]	lügen	3a
disparaître [dispaʀɛtʀ]	verschwinden	22
filer qc *(fam.)* [file]	etw. rüberwachsen lassen *(ugs.)*	1a
coûter qc [kute]	etw. kosten	1a
coûter cher [kuteʃɛʀ]	teuer sein; *(hier)* teuer zu stehen kommen	1a
casser qc [kase]	etw. kaputt machen	1a
casser la figure à qn *(fam.)* [kaselafigyʀ]	jdm. die Visage polieren *(ugs.)*	1a
se défendre [sədefɑ̃dʀ]	sich verteidigen	2
couler [kule]	fließen, rinnen, strömen, tropfen	1a
tomber dans les pommes *(fam.)* [tɔ̃bedɑ̃lepɔm]	aus den Socken kippen *(ugs.)*, in Ohnmacht fallen	1a
rendre visite à qn [ʀɑ̃dʀəvisit]	jdn. besuchen	2
racketter qn [ʀakete]	jdn. erpressen, von jdm. Schutzgeld erpressen	1a
interroger qn [ɛ̃teʀɔʒe]	jdn. befragen	1f
promettre à qn de **faire** qc [pʀɔmɛtʀ]	jdm. versprechen, etw. zu tun	19, 6

LEÇON 4

Pratique

5	**représenter** qn/qc [ʀəpʀesɑ̃te]	jdn./etw. vertreten, dn./etw. darstellen, jdn./etw. verkörpern	**1a**
9	**abdiquer** [abdike]	aufgeben, kapitulieren, abdanken	**1a**

1. **Finde die richtige Verbform und ergänze, wo nötig, die passende Präposition vor dem Infinitiv. Verneine den Infinitiv.** (§ 15. Rev. 21)

Bsp.: Est-ce que tu lui as dit de ne pas racketter (lui dire, *Passé composé*/racketter) les élèves?

a) Elle ____________________ (prétendre , *Präsens*/mentir) à ses parents.

b) Nous ____________________ (vous remercier, *Präsens*/abdiquer) quand il y a un problème.

c) Vous ____________________ (l'aider, *Passé composé*/tomber) dans les pommes. Merci!

d) Ils ____________________ (nous promettre, *Passé composé*/taguer) les murs de l'école.

e) J' ____________________ (espérer, *Präsens*/réviser) mes leçons pour rien.

f) Elle ____________________ (réussir, *Passé composé*/mêler) Coralie à cette histoire.

2. **Vervollständige den Text und verwende die richtige Präposition.** (§ 15. Rev. 22)

être le premier/la première | être prêt(e) | avoir envie | avoir le temps | être capable | être en train

Quand elle était petite, notre fille Amélie ______________________ avoir un laptop, mais elle (ne pas) ____________________________ l'utiliser correctement. Un jour, à 15 ans, elle a reçu un bel ordinateur en cadeau. Dans notre famille, nous n'avions pas encore d'ordinateur, alors elle ____________________________ en recevoir un. En ce moment, pour apprendre à l'utiliser, elle ________ ______________________ prendre des cours d'informatique. Elle __________________________ travailler 7 heures par jour pendant 6 mois pour tout connaître. Alors, elle (ne plus) ______ ______________________ rencontrer ses amis!

3. **C'est impossible! Bilde Sätze mit *si.*** (§ 14)

a) (je / avoir 80 ans) ; (je / faire attention à ma santé)

____.

b) (je / arrêter le racket); (je / être Max)

____.

c) (je / voyager beaucoup) ; (je / être journaliste)

____.

d) (je / être à ta place); (je / étudier le français)

____.

Die Lösungen zu den Übungen findest du auf Seite 96.

LEÇON 5

Vocabulaire général

		N°
détruire qc [detʀɥiʀ]	etw. zerstören, etw. vernichten	**31**
fonder qc [fɔ̃de]	etw. gründen	**1a**

Station 1: Sable noir et sable blanc

couvrir qn/qc [kuvʀiʀ]	jdn./etw. bedecken	**16**
créer qc [kʀee]	etw. schaffen, etw. kreieren	**1a**
observer qn/qc [ɔpsɛʀve]	jdn./etw. beobachten	**1a**
varier [vaʀje]	sich verändern; *(hier)* schwanken	**1a**
faire du cheval [fɛʀdyʃ(ə)val]	reiten	**6**

Station 2: Le bleu de la mer

souffler [sufle]	wehen, blasen	**1a**
bronzer [bʀɔ̃ze]	braun werden	**1a**

Pratique 1–2

2 **brûler** qc [bʀyle]	etw. verbrennen	**1a**

Station 3: Les temps noirs des Antilles

occuper qc [ɔkype]	*(hier)* etw. besetzen	**1a**
obliger qn à **faire** qc [ɔbliʒe]	jdn. zwingen, etw. zu tun	**1f, 6**
suffire [syfiʀ]	ausreichen, genügen	**40**
interrompre qn/qc [ɛ̃teʀɔ̃pʀ]	jdn./etw. unterbrechen	**2**
fuir [fɥiʀ]	fliehen, flüchten	**38**
tuer qn [tɥe]	jdn. töten, jdn. umbringen	**1a**
s'en **aller** [sɑ̃nale]	weggehen	**7**
naître [nɛtʀ]	geboren werden	**41**

LEÇON 5

Station 4: La langue et les traditions

fêter qc [fete]	etw. feiern	**1a**

Station 5: Manger, rire et danser

plonger [plõʒe]	tauchen	**1f**
grandir [gʀɑ̃diʀ]	wachsen	**3b**

Pratique 5

1	**combiner** qc [kõbine]	etw. kombinieren, etw. verbinden	**1a**

1. Beantworte die Fragen. Verwende *personne ne …, rien ne …, aucun(e) ne …, ne … personne, ne … rien, ne … aucun(e).* (§ 17)

a) Tu veux manger quelque chose?

Non, ______________________________.

b) Est-ce que le volcan a détruit toutes les plantations?

Non, ______________________________.

c) Est-ce que tous les colons étaient gentils avec les esclaves?

Non, ______________________________.

d) Est-ce que l'esclave Cyparis a pu parler à quelqu'un?

Non, ______________________________.

e) Est-ce que tout le monde plongera là où il y a des requins?

Non, ______________________________.

f) Est-ce que tout a brûlé à Fort-de-France?

Non, ______________________________.

2. Vervollständige die Tabelle wie im Beispiel.
(§ 18, § 19, § 20, § 21, § 22)

	Infinitiv	Präsens	Futur simple	Passé composé		Cond. prés.	Präsens	Imparfait	Subjonctif
tu	**s'en aller**	**t'en vas**	t'en iras	**t'en es allé(e)**	vous			interrompiez	
ils				ont créé	elles		s'en vont		
il			suffira		je		fuis		
elle				est née	tu	détruirais			
nous		grandissons			ils				obligent
je/j'	couvrir				nous			plongions	

Die Lösungen zu den Übungen findest du auf Seite 96/97.

⟨MODULE 1⟩

Entrée: Le cinéma fait école.

		N°
faire école [fɛʀekɔl]	Schule machen	6
faire faire qc [fɛʀfɛʀ]	etw. tun lassen	6, 6

Texte A: Les Choristes (scène 1)

jouer à cache-cache avec qn [ʒweakaʃkaʃ]	mit jdm. Versteck(en) spielen	1a
se présenter [səpʀezɑ̃te]	sich vorstellen	1a
fermer qc à clé [fɛʀme ... akle]	etw. abschließen	1a
laver qn/qc [lave]	jdn./etw. waschen	1a
apparaître [apaʀɛtʀ]	(plötzlich) erscheinen, auftauchen	22

Texte B: Les Choristes (scène 2)

faire la connaissance de qn/qc [fɛʀlakɔnɛsɑ̃s]	mit jdm./etw. Bekanntschaft machen	6
se donner du courage [sədɔ̃nedykuʀaʒ]	Mut fassen	1a
se battre avec qn [səbatʀ]	sich mit jdm. prügeln, mit jdm. kämpfen	33

Texte C: Les Choristes (scène 3)

avoir un poil dans la main *(fam.)* [avwaʀɛ̃pwaldɑ̃lamɛ̃]	auf der faulen Haut liegen *(ugs.)*	5
casser les pieds à qn *(fam.)* [kaselepje]	jdm. auf den Wecker fallen *(ugs.)*	1a

Pratique C

4	**poser** un lapin à qn *(fam.)* [pozeɛ̃lapɛ̃]	jdn. versetzen *(ugs.)*	1a
4	ne pas **être** dans son assiette *(fam.)* [nəpazɛtʀ(ə)dɑ̃sɔnasjɛt]	nicht auf dem Damm sein *(ugs.)*	4

5	**sortir** [sɔʀtiʀ]	*(hier)* herauskommen, erscheinen	**3a**
5	**sous-titrer** qc [sutitʀe]	etw. untertiteln	**1a**
5	**se dérouler** [sədeʀule]	sich abspielen, spielen, stattfinden	**1a**
5	**s'agir** de qn/qc [saʒiʀ]	um jdn./etw. gehen, von jdm./etw. handeln	**3b**
5	**durer** [dyʀe]	dauern	**1a**
5	**se terminer** par qc [sətɛʀmine]	mit etw. (ab)schließen	**1a**

Fülle das Kreuzworträtsel mit Kleinbuchstaben aus. Denke an Accents und bei reflexiven Verben an Reflexivpronomen.

Horizontal

Bsp.: 1. s'agir (il, *Präsens*)

2. se battre (elles, *Passé comp.)*

7. apparaître (ils, *Präsens*)

8. se donner (tu, *Imparfait*)

9. se laver (vous, *Futur simple*)

Vertikal

3. sortir (vous, *Futur simple*)

4. se terminer (il, *Passé comp.*)

5. se dérouler (elle, *Cond. prés.*)

6. fermer (nous, *Plus-que-parf.*)

10. casser (nous, *Imparfait*)

Die Lösungen zu den Übungen findest du auf Seite 97.

Texte: SUD-OUEST

		N°
surfer [sœʀfe]	surfen	**1a**
sauver qn/qc [sove]	jdn./etw. retten	**1a**
remonter qc [ʀəmɔ̃te]	etw. (wieder) hinaufsteigen	**1a**
réussir qc [ʀeysiʀ]	etw. gelingen, etw. schaffen	**3b**
mettre quatre heures pour **faire** qc [mɛtʀəkatʀœʀ]	vier Stunden brauchen, um etw. zu tun	**13, 6**
remarquer qn/qc [ʀ(ə)maʀke]	jdn./etw. bemerken	**1a**
se noyer [sənwaje]	ertrinken; sich ertränken	**1g**
croire à qc [kʀwaʀ]	an etw. glauben	**30**
s'accrocher à qc [sakʀɔʃe]	sich an etw. (fest)klammern	**1a**
trembler [tʀɑ̃ble]	zittern	**1a**

Pratique

10	**s'agir** de qn/qc [saʒiʀ]	um jdn./etw. gehen, von jdm./etw. handeln	**3b**

> **!** **Indirekte Rede:**
> Die Zeitverschiebung gilt nicht bei Verbformen, die auf *-ais, -ais, -ait, -ions, -iez, -aient* enden (Imparf., Plus-que-parf., Cond. prés. und Cond. passé).

1. **Bedingungssätze (Typ III): Bringe die Verben in die richtige Form.** (§ 24)

a) avec ses amis./il/(pouvoir surfer)/Si Farid/une chute,/ n'avait pas fait

____.

b) ne l'avaient pas trouvé/Si ses copains/accroché à une branche,/Farid (se noyer peut-être).

____.

c) leur planche./Si les jeunes (tomber)/ils auraient perdu/ dans l'eau,

____.

d) nous (ne pas réussir) cet exploit./surfer longtemps,/ Si nous n'avions pas appris à

____.

2. **Victor hört zu laut Musik und versteht Farid nicht. Teile Victor mit, was Farid gesagt und gefragt hat.** (§ 25)

a) J'ai vu un reportage hier à la télé.
b) J'aime beaucoup la mer, ici, à Bordeaux.
c) J'aimerais aussi apprendre la voile.
d) Demain, mes copains et moi, nous deviendrons des champions.
e) Est-ce que tu as déjà fait du surf?
f) Pourquoi est-ce que tu n'avais pas appris la natation?
g) Est-ce que tu aurais aimé surfer avec nous?

Il a dit

a) qu'il ______________________________

b) __________________________________

c) __________________________________

d) __________________________________

Il a demandé

e) __________________________________

f) __________________________________

g) __________________________________

Die Lösungen zu den Übungen findest du auf Seite 97.

Entrée: Kilomètre zéro

		N°
se souvenir de qn/qc [səsuv(ə)niʀ]	sich an jdn./etw. erinnern	**8**
s'approcher de qn/qc [sapʀɔʃe]	sich jdm./etw. nähern, jdm./etw. näher kommen	**1a**

Texte: Kilomètre 80 …

camper [kɑ̃pe]	campen, zelten	**1a**
dépasser [depase]	hervorragen, überragen	**1a**
planter qc [plɑ̃te]	etw. pflanzen; *(hier)* etw. errichten	**1a**
amener qn/qc [am(ə)ne]	jdn./etw. mitbringen	**1c**
retourner qc [ʀəturne]	etw. umdrehen, etw. wenden	**1a**
déchirer qc [deʃiʀe]	etw. zerreißen	**1a**
pêcher qc [peʃe]	etw. angeln, etw. fischen	**1a**

Pratique

4	**être** jumelé(e) avec qn/qc [ɛ̃tʀ(ə)ʒym(ə)le]	mit jdm./etw. partnerschaftlich verbunden sein	**4**
7	**marier** qn à qn [maʀje]	jdn. mit jdm. verheiraten	**1a**

! Achte auf die Angleichung des ***Passé composé*** mit *avoir* bei
- *la, les* als direkten Objektpronomen,
- *me, te, nous, vous* als direkten Objektpronomen,
- *que* als Relativpronomen. (§ 27)

1. **Beantworte die Fragen im *Passé composé.* Verwende die Objektpronomen oder das Relativpronomen *que.*** (§ 27)

a) *Benjamin:* Papa, est-ce que tu as mangé les pâtes?

Papa: Oui, je ______________________________ (manger).

b) *B:* Où est la tablette de chocolat?

Papa: Je ______________________________ (poser) sur la table.

c) *B:* Comment est-ce que tu as rencontré Maman?

Papa: Je ____________________ (rencontrer) quand elle ramassait des coquillages au bord de la mer.

d) *B:* Nous avons traversé une rivière hier. Elle s'appelle comment?

Papa: La rivière ________ nous ____________________ (traverser) hier s'appelle *La Dordogne.*

2. **Unterstreiche alle *Passé simple*-Formen und schreibe die entsprechenden *Passé composé*-Formen in die Tabelle.** (§ 28)

Un jour, le père de Ben **décida** d'aller faire du camping avec lui. Ils partirent camper tous les deux, à vélo. Ils prirent une petite tente avec eux. A midi, ils s'arrêtèrent au bord d'un étang et firent un feu. Ils s'aperçurent qu'ils purent préparer des pommes de terre sur le feu, ce qui leur plut. Il y eut un peu de pluie, mais elle s'arrêta vite. Ils roulèrent encore longtemps. Pour traverser les petites rivières où il n'y avait pas de pont, ils enlevèrent leurs chaussures! Le soir, ils mangèrent des poissons qu'ils venaient de pêcher.

Bsp.: a décidé

a) ______________________

b) ______________________

c) ______________________

d) ______________________

e) ______________________

f) ______________________

g) ______________________

h) ______________________

i) ______________________

j) ______________________

k) ______________________

l) ______________________

Die Lösungen zu den Übungen findest du auf Seite 97.

1 Die Verben auf *-er*: *-e, -es, -e, -ons, -ez, -ent*

1a	**regarder** (betrachten)					I § 12
Präsens		**Passé composé**			**Imperativ**	
je	regard**e**	j'	ai	regardé	regarde	
tu	regard**es**	tu	as	regardé	regardons	
il/elle/on	regard**e**	il/elle/on	a	regardé	regardez	
nous	regard**ons**	nous	avons	regardé	**Participe passé**	
vous	regard**ez**	vous	avez	regardé	regardé, regardée,	
ils/elles	regard**ent**	ils/elles	ont	regardé	regardés, regardées	
Imparfait		**Plus-que-parfait**			**[Passé simple]**	
je	regard**ais**	j'	avais	regardé	je	regard**ai**
tu	regard**ais**	tu	avais	regardé	tu	regard**as**
il/elle/on	regard**ait**	il/elle/on	avait	regardé	il/elle/on	regard**a**
nous	regard**ions**	nous	avions	regardé	nous	regard**âmes**
vous	regard**iez**	vous	aviez	regardé	vous	regard**âtes**
ils/elles	regard**aient**	ils/elles	avaient	regardé	ils/elles	regard**èrent**
Futur simple		**Conditionnel présent**			**Subjonctif présent**	
je	regarder**ai**	je	regarder**ais**		je	regard**e**
tu	regarder**as**	tu	regarder**ais**		tu	regard**es**
il/elle/on	regarder**a**	il/elle/on	regarder**ait**		il/elle/on	regard**e**
nous	regarder**ons**	nous	regarder**ions**		nous	regard**ions**
vous	regarder**ez**	vous	regarder**iez**		vous	regard**iez**
ils/elles	regarder**ont**	ils/elles	regarder**aient**		ils/elles	regard**ent**

Ebenso: alle regelmäßigen Verben auf *-er*. **Beachte:** „Dopplung des „**i**" bei **nous** und **vous** im Imparfait von Verben auf *-ier* (z. B. nous criions). **Passé composé** mit **être**: **arriver** (ankommen), **entrer** (eintreten), **monter** (ein-/hinaufsteigen), **passer** (im Sinne von: vorbeigehen/-fahren/-kommen), **tomber** (fallen), **rentrer** (zurückkehren), **rester** (bleiben), **[retourner]** (zurückkehren), **[remonter]** ((wieder) hinaufsteigen).

Reflexive Verben

1a*	**se cacher** (sich verstecken)								II § 46, [47]; III § 14
Präsens			**Passé composé**				**Imperativ**		
je	**me**	cache	je	**me**	**suis**	caché(e)	cache	– **toi**	
tu	**te**	caches	tu	**t'**	**es**	caché(e)	cachons	– **nous**	
il/elle/on	**se**	cache	il/elle/on	**s'**	**est**	caché(e)	cachez	– **vous**	
nous	**nous**	cachons	nous	**nous**	**sommes**	caché(e)s	**Participe passé**		
vous	**vous**	cachez	vous	**vous**	**êtes**	caché(e)s	caché, cachée,		
ils/elles	**se**	cachent	ils/elles	**se**	**sont**	caché(e)s	cachés, cachées		
Imparfait			**Plus-que-parfait**				**[Passé simple]**		
je	**me**	cachais	je	**m'**	**étais**	caché(e)	je	**me**	cachai
tu	**te**	cachais	tu	**t'**	**étais**	caché(e)	tu	**te**	cachas
il/elle/on	**se**	cachait	il/elle/on	**s'**	**était**	caché(e)	il/elle/on	**se**	cacha
nous	**nous**	cachions	nous	**nous**	**étions**	caché(e)s	nous	**nous**	cachâmes
vous	**vous**	cachiez	vous	**vous**	**étiez**	caché(e)s	vous	**vous**	cachâtes
ils/elles	**se**	cachaient	ils/elles	**s'**	**étaient**	caché(e)s	ils/elles	**se**	cachèrent
Futur simple			**Conditionnel présent**				**Subjonctif présent**		
je	**me**	cacherai	je	**me**	cacherais		je	**me**	cache
tu	**te**	cacheras	tu	**te**	cacherais		tu	**te**	caches
il/elle/on	**se**	cachera	il/elle/on	**se**	cacherait		il/elle/on	**se**	cache
nous	**nous**	cacherons	nous	**nous**	cacherions		nous	**nous**	cachions
vous	**vous**	cacherez	vous	**vous**	cacheriez		vous	**vous**	cachiez
ils/elles	**se**	cacheront	ils/elles	**se**	cacheraient		ils/elles	**se**	cachent

Beachte: Die reflexiven Verben bilden das **Passé composé** immer mit **être** (III § 14).

1b	**appeler** (rufen, anrufen)					II § 33
Präsens		**Passé composé**			**Imperativ**	
j'	appelle	j'	ai	appelé	appelle	
tu	appelles	tu	as	appelé	appelons	
il/elle/on	appelle	il/elle/on	a	appelé	appelez	
nous	appelons	nous	avons	appelé	**Participe passé**	
vous	appelez	vous	avez	appelé	appelé, appelée,	
ils/elles	appellent	ils/elles	ont	appelé	appelés, appelées	

Imparfait		**Plus-que-parfait**			**[Passé simple]**	
j'	appelais	j'	avais	appelé	j'	appelai
tu	appelais	tu	avais	appelé	tu	appelas
il/elle/on	appelait	il/elle/on	avait	appelé	il/elle/on	appela
nous	appelions	nous	avions	appelé	nous	appelâmes
vous	appeliez	vous	aviez	appelé	vous	appelâtes
ils/elles	appelaient	ils/elles	avaient	appelé	ils/elles	appelèrent

Futur simple		**Conditionnel présent**		**Subjonctif présent**	
j'	appellerai	j'	appellerais	j'	appelle
tu	appelleras	tu	appellerais	tu	appelles
il/elle/on	appellera	il/elle/on	appellerait	il/elle/on	appelle
nous	appellerons	nous	appellerions	nous	appelions
vous	appellerez	vous	appelleriez	vous	appeliez
ils/elles	appelleront	ils/elles	appelleraient	ils/elles	appellent

Ebenso: [**jeter**] (werfen).

1c	**acheter** (kaufen)					I §44
Präsens		**Passé composé**			**Imperativ**	
j'	achète	j'	ai	acheté	achète	
tu	achètes	tu	as	acheté	achetons	
il/elle/on	achète	il/elle/on	a	acheté	achetez	
nous	achetons	nous	avons	acheté	**Participe passé**	
vous	achetez	vous	avez	acheté	acheté, achetée,	
ils/elles	achètent	ils/elles	ont	acheté	achetés, achetées	
Imparfait		**Plus-que-parfait**			**[Passé simple]**	
j'	achetais	j'	avais	acheté	j'	achetai
tu	achetais	tu	avais	acheté	tu	achetas
il/elle/on	achetait	il/elle/on	avait	acheté	il/elle/on	acheta
nous	achetions	nous	avions	acheté	nous	achetâmes
vous	achetiez	vous	aviez	acheté	vous	achetâtes
ils/elles	achetaient	ils/elles	avaient	acheté	ils/elles	achetèrent
Futur simple		**Conditionnel présent**			**Subjonctif présent**	
j'	achèterai	j'	achèterais		j'	achète
tu	achèteras	tu	achèterais		tu	achètes
il/elle/on	achètera	il/elle/on	achèterait		il/elle/on	achète
nous	achèterons	nous	achèterions		nous	achetions
vous	achèterez	vous	achèteriez		vous	achetiez
ils/elles	achèteront	ils/elles	achèteraient		ils/elles	achètent

Ebenso: (se*) lever (aufstehen/heben), **se promener*** (spazieren gehen), **[amener]** (mitbringen), **enlever** (ausziehen, abräumen, entführen), **mener** (führern, leiten).

1d	**répéter** (wiederholen)					II § 32
Präsens		**Passé composé**			**Imperativ**	
je	répète	j'	ai	répété	répète	
tu	répètes	tu	as	répété	répétons	
il/elle/on	répète	il/elle/on	a	répété	répétez	
nous	répétons	nous	avons	répété	**Participe passé**	
vous	répétez	vous	avez	répété	répété, répétée,	
ils/elles	répètent	ils/elles	ont	répété	répétés, répétées	
Imparfait		**Plus-que-parfait**			**[Passé simple]**	
je	répétais	j'	avais	répété	je	répétai
tu	répétais	tu	avais	répété	tu	répétas
il/elle/on	répétait	il/elle/on	avait	répété	il/elle/on	répéta
nous	répétions	nous	avions	répété	nous	répétâmes
vous	répétiez	vous	aviez	répété	vous	répétâtes
ils/elles	répétaient	ils/elles	avaient	répété	ils/elles	répétèrent
Futur simple		**Conditionnel présent**			**Subjonctif présent**	
je	répèterai	je	répèterais		je	répète
tu	répèteras	tu	répèterais		tu	répètes
il/elle/on	répètera	il/elle/on	répèterait		il/elle/on	répète
nous	répèterons	nous	répèterions		nous	répètions
vous	répèterez	vous	répèteriez		vous	répètiez
ils/elles	répèteront	ils/elles	répèteraient		ils/elles	répètent

Ebenso: espérer (hoffen), **préférer** (vorziehen), **compléter** (vervollständigen).
Beachte: Bei Verben der Gruppe *répéter* gibt es im *Futur simple* und im *Conditionnel présent* die Schreibweisen *je répèterai / je répèterais* und *je répéterai / je répéterais*. Letztere ist die alte Schreibweise. Sie gilt aber nicht als falsch.

VERBTABELLEN

1e	**commencer** (anfangen)					I §48
Präsens		**Passé composé**			**Imperativ**	
je	commence	j'	ai	commencé	commence	
tu	commences	tu	as	commencé	commençons	
il/elle/on	commence	il/elle/on	a	commencé	commencez	
nous	commençons	nous	avons	commencé	**Participe passé**	
vous	commencez	vous	avez	commencé	commencé, commencée,	
ils/elles	commencent	ils/elles	ont	commencé	commencés, commencées	
Imparfait		**Plus-que-parfait**			**[Passé simple]**	
je	commençais	j'	avais	commencé	je	commençai
tu	commençais	tu	avais	commencé	tu	commenças
il/elle/on	commençait	il/elle/on	avait	commencé	il/elle/on	commença
nous	commencions	nous	avions	commencé	nous	commençâmes
vous	commenciez	vous	aviez	commencé	vous	commençâtes
ils/elles	commençaient	ils/elles	avaient	commencé	ils/elles	commencèrent
Futur simple		**Conditionnel présent**			**Subjonctif présent**	
je	commencerai	je	commencerais		je	commence
tu	commenceras	tu	commencerais		tu	commences
il/elle/on	commencera	il/elle/on	commencerait		il/elle/on	commence
nous	commencerons	nous	commencerions		nous	commencions
vous	commencerez	vous	commenceriez		vous	commenciez
ils/elles	commenceront	ils/elles	commenceraient		ils/elles	commencent

Ebenso: annoncer (ankündigen), **[avancer]** (vorankommen).

1f	**manger** (essen)					I § 30
Präsens		**Passé composé**			**Imperativ**	
je	mange	j'	ai	mangé	mange	
tu	manges	tu	as	mangé	mangeons	
il/elle/on	mange	il/elle/on	a	mangé	mangez	
nous	mangeons	nous	avons	mangé	**Participe passé**	
vous	mangez	vous	avez	mangé	mangé, mangée,	
ils/elles	mangent	ils/elles	ont	mangé	mangés, mangées	
Imparfait		**Plus-que-parfait**			**[Passé simple]**	
je	mangeais	j'	avais	mangé	je	mangeai
tu	mangeais	tu	avais	mangé	tu	mangeas
il/elle/on	mangeait	il/elle/on	avait	mangé	il/elle/on	mangea
nous	mangions	nous	avions	mangé	nous	mangeâmes
vous	mangiez	vous	aviez	mangé	vous	mangeâtes
ils/elles	mangeaient	ils/elles	avaient	mangé	ils/elles	mangèrent
Futur simple		**Conditionnel présent**			**Subjonctif présent**	
je	mangerai	je	mangerais		je	mange
tu	mangeras	tu	mangerais		tu	manges
il/elle/on	mangera	il/elle/on	mangerait		il/elle/on	mange
nous	mangerons	nous	mangerions		nous	mangions
vous	mangerez	vous	mangeriez		vous	mangiez
ils/elles	mangeront	ils/elles	mangeraient		ils/elles	mangent

Ebenso: bouger (sich bewegen), **changer** (wechseln, umsteigen), **déménager** (umziehen), **interroger** (befragen), [**mélanger**] (mischen), **ranger** (aufräumen), **s'allonger*** (sich hinlegen), **voyager** (reisen), **s'engager*** (sich einsetzen), **exiger** (verlangen, fordern), **obliger** (zwingen), **plonger** (tauchen).

1g	**payer** (bezahlen)					I §44
Präsens		**Passé composé**			**Imperativ**	
je	paie	j'	ai	payé	paie	
tu	paies	tu	as	payé	payons	
il/elle/on	paie	il/elle/on	a	payé	payez	
nous	payons	nous	avons	payé	**Participe passé**	
vous	payez	vous	avez	payé	payé, payée,	
ils/elles	paient	ils/elles	ont	payé	payés, payées	
Imparfait		**Plus-que-parfait**			**[Passé simple]**	
je	payais	j'	avais	payé	je	payai
tu	payais	tu	avais	payé	tu	payas
il/elle/on	payait	il/elle/on	avait	payé	il/elle/on	paya
nous	payions	nous	avions	payé	nous	payâmes
vous	payiez	vous	aviez	payé	vous	payâtes
ils/elles	payaient	ils/elles	avaient	payé	ils/elles	payèrent
Futur simple		**Conditionnel présent**			**Subjonctif présent**	
je	paierai	je	paierais		je	paie
tu	paieras	tu	paierais		tu	paies
il/elle/on	paiera	il/elle/on	paierait		il/elle/on	paie
nous	paierons	nous	paierions		nous	payions
vous	paierez	vous	paieriez		vous	payiez
ils/elles	paieront	ils/elles	paieraient		ils/elles	paient

Ebenso: [appuyer] (drücken), **essayer** (versuchen), **nettoyer** (reinigen, säubern), **se noyer*** (ertrinken, sich ertränken).

2 Die Verben auf *-dre*: *-s, -s, -d, -ons, -ez, -ent*

2	**attendre** (warten)					I §41
Präsens		**Passé composé**			**Imperativ**	
j'	attend**s**	j'	ai	attendu	attends	
tu	attend**s**	tu	as	attendu	attendons	
il/elle/on	atten**d**	il/elle/on	a	attendu	attendez	
nous	attend**ons**	nous	avons	attendu	**Participe passé**	
vous	attend**ez**	vous	avez	attendu	attendu, attendue,	
ils/elles	attend**ent**	ils/elles	ont	attendu	attendus, attendues	
Imparfait		**Plus-que-parfait**			**[Passé simple]**	
j'	attendais	j'	avais	attendu	j'	attendis
tu	attendais	tu	avais	attendu	tu	attendis
il/elle/on	attendait	il/elle/on	avait	attendu	il/elle/on	attendit
nous	attendions	nous	avions	attendu	nous	attendîmes
vous	attendiez	vous	aviez	attendu	vous	attendîtes
ils/elles	attendaient	ils/elles	avaient	attendu	ils/elles	attendirent
Futur simple		**Conditionnel présent**			**Subjonctif présent**	
j'	attendrai	j'	attendrais		j'	attende
tu	attendras	tu	attendrais		tu	attendes
il/elle/on	attendra	il/elle/on	attendrait		il/elle/on	attende
nous	attendrons	nous	attendrions		nous	attendions
vous	attendrez	vous	attendriez		vous	attendiez
ils/elles	attendront	ils/elles	attendraient		ils/elles	attendent

Ebenso: descendre* (hinuntergehen), **entendre** (hören), **répondre** (antworten), **perdre** (verlieren), **vendre** (verkaufen), (**se***) **defendre** ((sich) verteidigen), **prétendre** (behaupten), **rendre** (abstatten).

3 Die Verben auf *-ir* (Gruppe *dormir*): *-s, -s, -t, -ons, -ez, -ent*

3a	**dormir** (schlafen)					<I §51>; II §3
Präsens		**Passé composé**			**Imperativ**	
je	dor**s**	j'	ai	dormi	dors	
tu	dor**s**	tu	as	dormi	dormons	
il/elle/on	dor**t**	il/elle/on	a	dormi	dormez	
nous	dorm**ons**	nous	avons	dormi	**Participe passé**	
vous	dorm**ez**	vous	avez	dormi	dormi, –,	
ils/elles	dorm**ent**	ils/elles	ont	dormi	–, –	
Imparfait		**Plus-que-parfait**			**[Passé simple]**	
je	dormais	j'	avais	dormi	je	dormis
tu	dormais	tu	avais	dormi	tu	dormis
il/elle/on	dormait	il/elle/on	avait	dormi	il/elle/on	dormit
nous	dormions	nous	avions	dormi	nous	dormîmes
vous	dormiez	vous	aviez	dormi	vous	dormîtes
ils/elles	dormaient	ils/elles	avaient	dormi	ils/elles	dormirent
Futur simple		**Conditionnel présent**			**Subjonctif présent**	
je	dormirai	je	dormirais		je	dorme
tu	dormiras	tu	dormirais		tu	dormes
il/elle/on	dormira	il/elle/on	dormirait		il/elle/on	dorme
nous	dormirons	nous	dormirions		nous	dormions
vous	dormirez	vous	dormiriez		vous	dormiez
ils/elles	dormiront	ils/elles	dormiraient		ils/elles	dorment

Ebenso: partir* (weggehen/-fahren), **repartir*** (wieder weggehen, wieder wegfahren), **sortir*** (ausgehen), **(se*) sentir** (sich) fühlen, **s'endormir*** (einschlafen), **mentir** (lügen).

3b	finir (beenden)					II § 25
Präsens		**Passé composé**			**Imperativ**	
je	fini**s**	j'	ai	fini	finis	
tu	fini**s**	tu	as	fini	finissons	
il/elle/on	fini**t**	il/elle/on	a	fini	finissez	
nous	finis**sons**	nous	avons	fini	**Participe passé**	
vous	finis**sez**	vous	avez	fini	fini, finie,	
ils/elles	finis**sent**	ils/elles	ont	fini	finis, finies	
Imparfait		**Plus-que-parfait**			**[Passé simple]**	
je	finissais	j'	avais	fini	je	finis
tu	finissais	tu	avais	fini	tu	finis
il/elle/on	finissait	il/elle/on	avait	fini	il/elle/on	finit
nous	finissions	nous	avions	fini	nous	finîmes
vous	finissiez	vous	aviez	fini	vous	finîtes
ils/elles	finissaient	ils/elles	avaient	fini	ils/elles	finirent
Futur simple		**Conditionnel présent**			**Subjonctif présent**	
je	finirai	je	finirais		je	finisse
tu	finiras	tu	finirais		tu	finisses
il/elle/on	finira	il/elle/on	finirait		il/elle/on	finisse
nous	finirons	nous	finirions		nous	finissions
vous	finirez	vous	finiriez		vous	finissiez
ils/elles	finiront	ils/elles	finiraient		ils/elles	finissent

Ebenso: applaudir (Beifall klatschen), **choisir** (auswählen), **réfléchir** (gelingen), **[réagir]** (reagieren), **réussir** (gelingen), [**s'agir***] (handeln), **grandir** (wachsen).

Unregelmäßige Verben

4	**être** (sein)					I § 13
Präsens		**Passé composé**			**Imperativ**	
je	suis	j'	ai	été	sois	
tu	es	tu	as	été	soyons	
il/elle/on	est	il/elle/on	a	été	soyez	
nous	sommes	nous	avons	été	**Participe passé**	
vous	êtes	vous	avez	été	été, –,	
ils/elles	sont	ils/elles	ont	été	–, –	
Imparfait		**Plus-que-parfait**			**[Passé simple]**	
j'	étais	j'	avais	été	je	fus
tu	étais	tu	avais	été	tu	fus
il/elle/on	était	il/elle/on	avait	été	il/elle/on	fut
nous	étions	nous	avions	été	nous	fûmes
vous	étiez	vous	aviez	été	vous	fûtes
ils/elles	étaient	ils/elles	avaient	été	ils/elles	furent
Futur simple		**Conditionnel présent**			**Subjonctif présent**	
je	serai	je	serais		je	sois
tu	seras	tu	serais		tu	sois
il/elle/on	sera	il/elle/on	serait		il/elle/on	soit
nous	serons	nous	serions		nous	soyons
vous	serez	vous	seriez		vous	soyez
ils/elles	seront	ils/elles	seraient		ils/elles	soient

5 avoir (haben) I § 18

Präsens		Passé composé			Imperativ	
j'	ai	j'	ai	eu	aie	
tu	as	tu	as	eu	ayons	
il/elle/on	a	il/elle/on	a	eu	ayez	
nous	avons	nous	avons	eu	**Participe passé**	
vous	avez	vous	avez	eu	eu, eue,	
ils/elles	ont	ils/elles	ont	eu	eus, eues	

Imparfait		Plus-que-parfait			[Passé simple]	
j'	avais	j'	avais	eu	j'	eus
tu	avais	tu	avais	eu	tu	eus
il/elle/on	avait	il/elle/on	avait	eu	il/elle/on	eut
nous	avions	nous	avions	eu	nous	eûmes
vous	aviez	vous	aviez	eu	vous	eûtes
ils/elles	avaient	ils/elles	avaient	eu	ils/elles	eurent

Futur simple		Conditionnel présent		Subjonctif présent	
j'	aurai	j'	aurais	j'	aie
tu	auras	tu	aurais	tu	aies
il/elle/on	aura	il/elle/on	aurait	il/elle/on	ait
nous	aurons	nous	aurions	nous	ayons
vous	aurez	vous	auriez	vous	ayez
ils/elles	auront	ils/elles	auraient	ils/elles	aient

6 **faire** (machen) — I § 16

Präsens		**Passé composé**			**Imperativ**	
je	fais	j'	ai	fait	fais	
tu	fais	tu	as	fait	faisons	
il/elle/on	fait	il/elle/on	a	fait	faites	
nous	faisons	nous	avons	fait	**Participe passé**	
vous	faites	vous	avez	fait	fait, faite,	
ils/elles	font	ils/elles	ont	fait	faits, faites	
Imparfait		**Plus-que-parfait**			**[Passé simple]**	
je	faisais	j'	avais	fait	je	fis
tu	faisais	tu	avais	fait	tu	fis
il/elle/on	faisait	il/elle/on	avait	fait	il/elle/on	fit
nous	faisions	nous	avions	fait	nous	fîmes
vous	faisiez	vous	aviez	fait	vous	fîtes
ils/elles	faisaient	ils/elles	avaient	fait	ils/elles	firent
Futur simple		**Conditionnel présent**			**Subjonctif présent**	
je	ferai	je	ferais		je	fasse
tu	feras	tu	ferais		tu	fasses
il/elle/on	fera	il/elle/on	ferait		il/elle/on	fasse
nous	ferons	nous	ferions		nous	fassions
vous	ferez	vous	feriez		vous	fassiez
ils/elles	feront	ils/elles	feraient		ils/elles	fassent

Ebenso: refaire (erneuern, neu machen).

7 **aller** (gehen) I § 21

Präsens

je	vais
tu	vas
il/elle/on	va
nous	allons
vous	allez
ils/elles	vont

Passé composé

je	suis	allé(e)
tu	es	allé(e)
il/elle/on	est	allé(e)
nous	sommes	allé(e)s
vous	êtes	allé(e)s
ils/elles	sont	allé(e)s

Imperativ

va
allons
allez

Participe passé

allé, allée,
allés, allées

Imparfait

j'	allais
tu	allais
il/elle/on	allait
nous	allions
vous	alliez
ils/elles	allaient

Plus-que-parfait

j'	étais	allé(e)
tu	étais	allé(e)
il/elle/on	était	allé(e)
nous	étions	allé(e)s
vous	étiez	allé(e)s
ils/elles	étaient	allé(e)s

[Passé simple]

j'	allai
tu	allas
il/elle/on	alla
nous	allâmes
vous	allâtes
ils/elles	allèrent

Futur simple

j'	irai
tu	iras
il/elle/on	ira
nous	irons
vous	irez
ils/elles	iront

Conditionnel présent

j'	irais
tu	irais
il/elle/on	irait
nous	irions
vous	iriez
ils/elles	iraient

Subjonctif présent

j'	aille
tu	ailles
il/elle/on	aille
nous	allions
vous	alliez
ils/elles	aillent

8	**venir** (kommen)					<I § 56>; II § 6
Präsens		**Passé composé**			**Imperativ**	
je	viens	je	suis	venu(e)	viens	
tu	viens	tu	es	venu(e)	venons	
il/elle/on	vient	il/elle/on	est	venu(e)	venez	
nous	venons	nous	sommes	venu(e)s	**Participe passé**	
vous	venez	vous	êtes	venu(e)s	venu, venue,	
ils/elles	viennent	ils/elles	sont	venu(e)s	venus, venues	
Imparfait		**Plus-que-parfait**			**[Passé simple]**	
je	venais	j'	étais	venu(e)	je	vins
tu	venais	tu	étais	venu(e)	tu	vins
il/elle/on	venait	il/elle/on	était	venu(e)	il/elle/on	vint
nous	venions	nous	étions	venu(e)s	nous	vînmes
vous	veniez	vous	étiez	venu(e)s	vous	vîntes
ils/elles	venaient	ils/elles	étaient	venu(e)s	ils/elles	vinrent
Futur simple		**Conditionnel présent**			**Subjonctif présent**	
je	viendrai	je	viendrais		je	vienne
tu	viendras	tu	viendrais		tu	viennes
il/elle/on	viendra	il/elle/on	viendrait		il/elle/on	vienne
nous	viendrons	nous	viendrions		nous	venions
vous	viendrez	vous	viendriez		vous	veniez
ils/elles	viendront	ils/elles	viendraient		ils/elles	viennent

Ebenso: tenir (halten), **devenir*** (werden), **revenir*** (zurückkommen), [**se souvenir***] (sich erinnern).

9	**plaire** (gefallen)					II § 19
Präsens		**Passé composé**			**[Imperativ]**	
je	plais	j'	ai	plu	plais	
tu	plais	tu	as	plu	plaisons	
il/elle/on	plaît	il/elle/on	a	plu	plaisez	
nous	plaisons	nous	avons	plu	**Participe passé**	
vous	plaisez	vous	avez	plu	plu, –,	
ils/elles	plaisent	ils/elles	ont	plu	–, –	
Imparfait		**Plus-que-parfait**			**[Passé simple]**	
je	plaisais	j'	avais	plu	je	plus
tu	plaisais	tu	avais	plu	tu	plus
il/elle/on	plaisait	il/elle/on	avait	plu	il/elle/on	plut
nous	plaisions	nous	avions	plu	nous	plûmes
vous	plaisiez	vous	aviez	plu	vous	plûtes
ils/elles	plaisaient	ils/elles	avaient	plu	ils/elles	plurent
Futur simple		**Conditionnel présent**			**Subjonctif présent**	
je	plairai	je	plairais		je	plaise
tu	plairas	tu	plairais		tu	plaises
il/elle/on	plaira	il/elle/on	plairait		il/elle/on	plaise
nous	plairons	nous	plairions		nous	plaisions
vous	plairez	vous	plairiez		vous	plaisiez
ils/elles	plairont	ils/elles	plairaient		ils/elles	plaisent

10 pouvoir (können) — I §31

Präsens		Passé composé			Imperativ	
je	peux	j'	ai	pu	–	
tu	peux	tu	as	pu		
il/elle/on	peut	il/elle/on	a	pu		
nous	pouvons	nous	avons	pu	**Participe passé**	
vous	pouvez	vous	avez	pu	pu, –,	
ils/elles	peuvent	ils/elles	ont	pu	–, –	
Imparfait		**Plus-que-parfait**			**[Passé simple]**	
je	pouvais	j'	avais	pu	je	pus
tu	pouvais	tu	avais	pu	tu	pus
il/elle/on	pouvait	il/elle/on	avait	pu	il/elle/on	put
nous	pouvions	nous	avions	pu	nous	pûmes
vous	pouviez	vous	aviez	pu	vous	pûtes
ils/elles	pouvaient	ils/elles	avaient	pu	ils/elles	purent
Futur simple		**Conditionnel présent**			**Subjonctif présent**	
je	pourrai	je	pourrais		je	puisse
tu	pourras	tu	pourrais		tu	puisses
il/elle/on	pourra	il/elle/on	pourrait		il/elle/on	puisse
nous	pourrons	nous	pourrions		nous	puissions
vous	pourrez	vous	pourriez		vous	puissiez
ils/elles	pourront	ils/elles	pourraient		ils/elles	puissent

11	savoir (wissen)					I § 31
Präsens		**Passé composé**			**Imperativ**	
je	sais	j’	ai	su	sache	
tu	sais	tu	as	su	sachons	
il/elle/on	sait	il/elle/on	a	su	sachez	
nous	savons	nous	avons	su	**Participe passé**	
vous	savez	vous	avez	su	su, sue,	
ils/elles	savent	ils/elles	ont	su	sus, sues	
Imparfait		**Plus-que-parfait**			**[Passé simple]**	
je	savais	j’	avais	su	je	sus
tu	savais	tu	avais	su	tu	sus
il/elle/on	savait	il/elle/on	avait	su	il/elle/on	sut
nous	savions	nous	avions	su	nous	sûmes
vous	saviez	vous	aviez	su	vous	sûtes
ils/elles	savaient	ils/elles	avaient	su	ils/elles	surent
Futur simple		**Conditionnel présent**			**Subjonctif présent**	
je	saurai	je	saurais		je	sache
tu	sauras	tu	saurais		tu	saches
il/elle/on	saura	il/elle/on	saurait		il/elle/on	sache
nous	saurons	nous	saurions		nous	sachions
vous	saurez	vous	sauriez		vous	sachiez
ils/elles	sauront	ils/elles	sauraient		ils/elles	sachent

12 vouloir (wollen) — I §31

Präsens		Passé composé			Imperativ	
je	veux	j'	ai	voulu	veuille	
tu	veux	tu	as	voulu	–	
il/elle/on	veut	il/elle/on	a	voulu	veuillez	
nous	voulons	nous	avons	voulu	**Participe passé**	
vous	voulez	vous	avez	voulu	voulu, voulue,	
ils/elles	veulent	ils/elles	ont	voulu	voulus, voulues	

Imparfait		Plus-que-parfait			[Passé simple]	
je	voulais	j'	avais	voulu	je	voulus
tu	voulais	tu	avais	voulu	tu	voulus
il/elle/on	voulait	il/elle/on	avait	voulu	il/elle/on	voulut
nous	voulions	nous	avions	voulu	nous	voulûmes
vous	vouliez	vous	aviez	voulu	vous	voulûtes
ils/elles	voulaient	ils/elles	avaient	voulu	ils/elles	voulurent

Futur simple		Conditionnel présent		Subjonctif présent	
je	voudrai	je	voudrais	je	veuille
tu	voudras	tu	voudrais	tu	veuilles
il/elle/on	voudra	il/elle/on	voudrait	il/elle/on	veuille
nous	voudrons	nous	voudrions	nous	voulions
vous	voudrez	vous	voudriez	vous	vouliez
ils/elles	voudront	ils/elles	voudraient	ils/elles	veuillent

13	**prendre** (nehmen)					I § 39
Präsens		**Passé composé**			**Imperativ**	
je	prends	j'	ai	pris	prends	
tu	prends	tu	as	pris	prenons	
il/elle/on	prend	il/elle/on	a	pris	prenez	
nous	prenons	nous	avons	pris	**Participe passé**	
vous	prenez	vous	avez	pris	pris, prise,	
ils/elles	prennent	ils/elles	ont	pris	pris, prises	
Imparfait		**Plus-que-parfait**			**[Passé simple]**	
je	prenais	j'	avais	pris	je	pris
tu	prenais	tu	avais	pris	tu	pris
il/elle/on	prenait	il/elle/on	avait	pris	il/elle/on	prit
nous	prenions	nous	avions	pris	nous	prîmes
vous	preniez	vous	aviez	pris	vous	prîtes
ils/elles	prenaient	ils/elles	avaient	pris	ils/elles	prirent
Futur simple		**Conditionnel présent**			**Subjonctif présent**	
je	prendrai	je	prendrais		je	prenne
tu	prendras	tu	prendrais		tu	prennes
il/elle/on	prendra	il/elle/on	prendrait		il/elle/on	prenne
nous	prendrons	nous	prendrions		nous	prenions
vous	prendrez	vous	prendriez		vous	preniez
ils/elles	prendront	ils/elles	prendraient		ils/elles	prennent

Ebenso: apprendre (lernen), **comprendre** (verstehen), **[surprendre]** (überraschen).

14	**lire** (lesen)					I § 38
Präsens		**Passé composé**			**Imperativ**	
je	lis	j'	ai	lu	lis	
tu	lis	tu	as	lu	lisons	
il/elle/on	lit	il/elle/on	a	lu	lisez	
nous	lisons	nous	avons	lu	**Participe passé**	
vous	lisez	vous	avez	lu	lu, lue,	
ils/elles	lisent	ils/elles	ont	lu	lus, lues	
Imparfait		**Plus-que-parfait**			**[Passé simple]**	
je	lisais	j'	avais	lu	je	lus
tu	lisais	tu	avais	lu	tu	lus
il/elle/on	lisait	il/elle/on	avait	lu	il/elle/on	lut
nous	lisions	nous	avions	lu	nous	lûmes
vous	lisiez	vous	aviez	lu	vous	lûtes
ils/elles	lisaient	ils/elles	avaient	lu	ils/elles	lurent
Futur simple		**Conditionnel présent**			**Subjonctif présent**	
je	lirai	je	lirais		je	lise
tu	liras	tu	lirais		tu	lises
il/elle/on	lira	il/elle/on	lirait		il/elle/on	lise
nous	lirons	nous	lirions		nous	lisions
vous	lirez	vous	liriez		vous	lisiez
ils/elles	liront	ils/elles	liraient		ils/elles	lisent

15	**écrire** (schreiben)					I § 38
Präsens		**Passé composé**			**Imperativ**	
j'	écris	j'	ai	écrit	écris	
tu	écris	tu	as	écrit	écrivons	
il/elle/on	écrit	il/elle/on	a	écrit	écrivez	
nous	écrivons	nous	avons	écrit	**Participe passé**	
vous	écrivez	vous	avez	écrit	écrit, écrite,	
ils/elles	écrivent	ils/elles	ont	écrit	écrits, écrites	
Imparfait		**Plus-que-parfait**			**[Passé simple]**	
j'	écrivais	j'	avais	écrit	j'	écrivis
tu	écrivais	tu	avais	écrit	tu	écrivis
il/elle/on	écrivait	il/elle/on	avait	écrit	il/elle/on	écrivit
nous	écrivions	nous	avions	écrit	nous	écrivîmes
vous	écriviez	vous	aviez	écrit	vous	écrivîtes
ils/elles	écrivaient	ils/elles	avaient	écrit	ils/elles	écrivirent
Futur simple		**Conditionnel présent**			**Subjonctif présent**	
j'	écrirai	j'	écrirais		j'	écrive
tu	écriras	tu	écrirais		tu	écrives
il/elle/on	écrira	il/elle/on	écrirait		il/elle/on	écrive
nous	écrirons	nous	écririons		nous	écrivions
vous	écrirez	vous	écririez		vous	écriviez
ils/elles	écriront	ils/elles	écriraient		ils/elles	écrivent

Ebenso: décrire (beschreiben).

16	**ouvrir** (öffnen)					I §40
Präsens		**Passé composé**			**Imperativ**	
j'	ouvre	j'	ai	ouvert	ouvre	
tu	ouvres	tu	as	ouvert	ouvrons	
il/elle/on	ouvre	il/elle/on	a	ouvert	ouvrez	
nous	ouvrons	nous	avons	ouvert	**Participe passé**	
vous	ouvrez	vous	avez	ouvert	ouvert, ouverte,	
ils/elles	ouvrent	ils/elles	ont	ouvert	ouverts, ouvertes	
Imparfait		**Plus-que-parfait**			**[Passé simple]**	
j'	ouvrais	j'	avais	ouvert	j'	ouvris
tu	ouvrais	tu	avais	ouvert	tu	ouvris
il/elle/on	ouvrait	il/elle/on	avait	ouvert	il/elle/on	ouvrit
nous	ouvrions	nous	avions	ouvert	nous	ouvrîmes
vous	ouvriez	vous	aviez	ouvert	vous	ouvrîtes
ils/elles	ouvraient	ils/elles	avaient	ouvert	ils/elles	ouvrirent
Futur simple		**Conditionnel présent**			**Subjonctif présent**	
j'	ouvrirai	j'	ouvrirais		j'	ouvre
tu	ouvriras	tu	ouvrirais		tu	ouvres
il/elle/on	ouvrira	il/elle/on	ouvrirait		il/elle/on	ouvre
nous	ouvrirons	nous	ouvririons		nous	ouvrions
vous	ouvrirez	vous	ouvririez		vous	ouvriez
ils/elles	ouvriront	ils/elles	ouvriraient		ils/elles	ouvrent

Ebenso: découvrir (entdecken), **offrir** (anbieten), **couvrir** (bedecken).

17 boire (trinken) — I § 35

Präsens		Passé composé			Imperativ	
je	bois	j’	ai	bu	bois	
tu	bois	tu	as	bu	buvons	
il/elle/on	boit	il/elle/on	a	bu	buvez	
nous	buvons	nous	avons	bu	**Participe passé**	
vous	buvez	vous	avez	bu	bu, bue,	
ils/elles	boivent	ils/elles	ont	bu	bus, bues	
Imparfait		**Plus-que-parfait**			**[Passé simple]**	
je	buvais	j’	avais	bu	je	bus
tu	buvais	tu	avais	bu	tu	bus
il/elle/on	buvait	il/elle/on	avait	bu	il/elle/on	but
nous	buvions	nous	avions	bu	nous	bûmes
vous	buviez	vous	aviez	bu	vous	bûtes
ils/elles	buvaient	ils/elles	avaient	bu	ils/elles	burent
Futur simple		**Conditionnel présent**			**Subjonctif présent**	
je	boirai	je	boirais		je	boive
tu	boiras	tu	boirais		tu	boives
il/elle/on	boira	il/elle/on	boirait		il/elle/on	boive
nous	boirons	nous	boirions		nous	buvions
vous	boirez	vous	boiriez		vous	buviez
ils/elles	boiront	ils/elles	boiraient		ils/elles	boivent

18	**dire** (sagen)						I § 43
Präsens		**Passé composé**				**Imperativ**	
je	dis	j'	ai	dit		dis	
tu	dis	tu	as	dit		disons	
il/elle/on	dit	il/elle/on	a	dit		dites	
nous	disons	nous	avons	dit		**Participe passé**	
vous	dites	vous	avez	dit		dit, dite,	
ils/elles	disent	ils/elles	ont	dit		dits, dites	
Imparfait		**Plus-que-parfait**				**[Passé simple]**	
je	disais	j'	avais	dit		je	dis
tu	disais	tu	avais	dit		tu	dis
il/elle/on	disait	il/elle/on	avait	dit		il/elle/on	dit
nous	disions	nous	avions	dit		nous	dîmes
vous	disiez	vous	aviez	dit		vous	dîtes
ils/elles	disaient	ils/elles	avaient	dit		ils/elles	dirent
Futur simple		**Conditionnel présent**				**Subjonctif présent**	
je	dirai	je	dirais			je	dise
tu	diras	tu	dirais			tu	dises
il/elle/on	dira	il/elle/on	dirait			il/elle/on	dise
nous	dirons	nous	dirions			nous	disions
vous	direz	vous	diriez			vous	disiez
ils/elles	diront	ils/elles	diraient			ils/elles	disent

Ebenso: interdire (verbieten). Beachte die Abweichung in der 2. Person Plural Präsens: **vous interdisez** bzw. in der entsprechenden Imperativform: **interdisez**.

19	**mettre** (setzen, stellen, legen)					<I §58>; II §4
Präsens		**Passé composé**			**Imperativ**	
je	mets	j'	ai	mis	mets	
tu	mets	tu	as	mis	mettons	
il/elle/on	met	il/elle/on	a	mis	mettez	
nous	mettons	nous	avons	mis	**Participe passé**	
vous	mettez	vous	avez	mis	mis, mise,	
ils/elles	mettent	ils/elles	ont	mis	mis, mises	
Imparfait		**Plus-que-parfait**			**[Passé simple]**	
je	mettais	j'	avais	mis	je	mis
tu	mettais	tu	avais	mis	tu	mis
il/elle/on	mettait	il/elle/on	avait	mis	il/elle/on	mit
nous	mettions	nous	avions	mis	nous	mîmes
vous	mettiez	vous	aviez	mis	vous	mîtes
ils/elles	mettaient	ils/elles	avaient	mis	ils/elles	mirent
Futur simple		**Conditionnel présent**			**Subjonctif présent**	
je	mettrai	je	mettrais		je	mette
tu	mettras	tu	mettrais		tu	mettes
il/elle/on	mettra	il/elle/on	mettrait		il/elle/on	mette
nous	mettrons	nous	mettrions		nous	mettions
vous	mettrez	vous	mettriez		vous	mettiez
ils/elles	mettront	ils/elles	mettraient		ils/elles	mettent

Ebenso: permettre (erlauben), **promettre** (versprechen).

VERBTABELLEN

20	**voir** (sehen)					<I § 57>; II § 5
Präsens		**Passé composé**			**Imperativ**	
je	vois	j’	ai	vu	vois	
tu	vois	tu	as	vu	voyons	
il/elle/on	voit	il/elle/on	a	vu	voyez	
nous	voyons	nous	avons	vu	**Participe passé**	
vous	voyez	vous	avez	vu	vu, vue,	
ils/elles	voient	ils/elles	ont	vu	vus, vues	
Imparfait		**Plus-que-parfait**			**[Passé simple]**	
je	voyais	j’	avais	vu	je	vis
tu	voyais	tu	avais	vu	tu	vis
il/elle/on	voyait	il/elle/on	avait	vu	il/elle/on	vit
nous	voyions	nous	avions	vu	nous	vîmes
vous	voyiez	vous	aviez	vu	vous	vîtes
ils/elles	voyaient	ils/elles	avaient	vu	ils/elles	virent
Futur simple		**Conditionnel présent**			**Subjonctif présent**	
je	verrai	je	verrais		je	voie
tu	verras	tu	verrais		tu	voies
il/elle/on	verra	il/elle/on	verrait		il/elle/on	voie
nous	verrons	nous	verrions		nous	voyions
vous	verrez	vous	verriez		vous	voyiez
ils/elles	verront	ils/elles	verraient		ils/elles	voient

Ebenso: revoir (wiedersehen).

21	**pleuvoir** (regnen)				Leçon II 1
Präsens		**Passé composé**			
–	–	–	–	–	
–	–	–	–	–	
il	pleut	il	a	plu	
–	–	–	–	–	
–	–	–	–	–	
–	–	–	–	–	

Imperativ
–
Participe passé
plu, –,
–, –

Imparfait		**Plus-que-parfait**			**[Passé simple]**	
–	–	–	–	–	–	–
–	–	–	–	–	–	–
il	pleuvait	il	avait	plu	il	plut
–	–	–	–	–	–	–
–	–	–	–	–	–	–
–	–	–	–	–	–	–

Futur simple		**Conditionnel présent**		**Subjonctif présent**	
–	–	–	–	–	–
–	–	–	–	–	–
il	pleuvra	il	pleuvrait	il	pleuve
–	–	–	–	–	–
–	–	–	–	–	–
–	–	–	–	–	–

22	**connaître** (kennen)					II § 18
Präsens		**Passé composé**			**[Imperativ]**	
je	connais	j'	ai	connu	connais	
tu	connais	tu	as	connu	connaissons	
il/elle/on	connaît	il/elle/on	a	connu	connaissez	
nous	connaissons	nous	avons	connu	**Participe passé**	
vous	connaissez	vous	avez	connu	connu, connue,	
ils/elles	connaissent	ils/elles	ont	connu	connus, connues	
Imparfait		**Plus-que-parfait**			**[Passé simple]**	
je	connaissais	j'	avais	connu	je	connus
tu	connaissais	tu	avais	connu	tu	connus
il/elle/on	connaissait	il/elle/on	avait	connu	il/elle/on	connut
nous	connaissions	nous	avions	connu	nous	connûmes
vous	connaissiez	vous	aviez	connu	vous	connûtes
ils/elles	connaissaient	ils/elles	avaient	connu	ils/elles	connurent
Futur simple		**Conditionnel présent**			**Subjonctif présent**	
je	connaîtrai	je	connaîtrais		je	connaisse
tu	connaîtras	tu	connaîtrais		tu	connaisses
il/elle/on	connaîtra	il/elle/on	connaîtrait		il/elle/on	connaisse
nous	connaîtrons	nous	connaîtrions		nous	connaissions
vous	connaîtrez	vous	connaîtriez		vous	connaissiez
ils/elles	connaîtront	ils/elles	connaîtraient		ils/elles	connaissent

Ebenso: reconnaître (wiedererkennen), [**apparaître**] (erscheinen), **disparaître** (verschwinden).

23 **vivre** (leben) II § 17

Präsens		Passé composé			Imperativ	
je	vis	j'	ai	vécu	vis	
tu	vis	tu	as	vécu	vivons	
il/elle/on	vit	il/elle/on	a	vécu	vivez	
nous	vivons	nous	avons	vécu	**Participe passé**	
vous	vivez	vous	avez	vécu	vécu, vécue,	
ils/elles	vivent	ils/elles	ont	vécu	vécus, vécues	

Imparfait		Plus-que-parfait			[Passé simple]	
je	vivais	j'	avais	vécu	je	vécus
tu	vivais	tu	avais	vécu	tu	vécus
il/elle/on	vivait	il/elle/on	avait	vécu	il/elle/on	vécut
nous	vivions	nous	avions	vécu	nous	vécûmes
vous	viviez	vous	aviez	vécu	vous	vécûtes
ils/elles	vivaient	ils/elles	avaient	vécu	ils/elles	vécurent

Futur simple		Conditionnel présent		Subjonctif présent	
je	vivrai	je	vivrais	je	vive
tu	vivras	tu	vivrais	tu	vives
il/elle/on	vivra	il/elle/on	vivrait	il/elle/on	vive
nous	vivrons	nous	vivrions	nous	vivions
vous	vivrez	vous	vivriez	vous	viviez
ils/elles	vivront	ils/elles	vivraient	ils/elles	vivent

24	**courir** (laufen)					II § 14
Präsens		**Passé composé**			**Imperativ**	
je	cours	j'	ai	couru	cours	
tu	cours	tu	as	couru	courons	
il/elle/on	court	il/elle/on	a	couru	courez	
nous	courons	nous	avons	couru	**Participe passé**	
vous	courez	vous	avez	couru	couru, courue,	
ils/elles	courent	ils/elles	ont	couru	courus, courues	
Imparfait		**Plus-que-parfait**			**[Passé simple]**	
je	courais	j'	avais	couru	je	courus
tu	courais	tu	avais	couru	tu	courus
il/elle/on	courait	il/elle/on	avait	couru	il/elle/on	courut
nous	courions	nous	avions	couru	nous	courûmes
vous	couriez	vous	aviez	couru	vous	courûtes
ils/elles	couraient	ils/elles	avaient	couru	ils/elles	coururent
Futur simple		**Conditionnel présent**			**Subjonctif présent**	
je	courrai	je	courrais		je	coure
tu	courras	tu	courrais		tu	coures
il/elle/on	courra	il/elle/on	courrait		il/elle/on	coure
nous	courrons	nous	courrions		nous	courions
vous	courrez	vous	courriez		vous	couriez
ils/elles	courront	ils/elles	courraient		ils/elles	courent

25 **devoir** (müssen) — II § 12

Präsens		Passé composé			[Imperativ]
je	dois	j'	ai	dû	dois
tu	dois	tu	as	dû	devons
il/elle/on	doit	il/elle/on	a	dû	devez
nous	devons	nous	avons	dû	**Participe passé**
vous	devez	vous	avez	dû	dû, dûe,
ils/elles	doivent	ils/elles	ont	dû	dûs, dûes

Imparfait		Plus-que-parfait			[Passé simple]	
je	devais	j'	avais	dû	je	dus
tu	devais	tu	avais	dû	tu	dus
il/elle/on	devait	il/elle/on	avait	dû	il/elle/on	dut
nous	devions	nous	avions	dû	nous	dûmes
vous	deviez	vous	aviez	dû	vous	dûtes
ils/elles	devaient	ils/elles	avaient	dû	ils/elles	durent

Futur simple		Conditionnel présent		Subjonctif présent	
je	devrai	je	devrais	je	doive
tu	devras	tu	devrais	tu	doives
il/elle/on	devra	il/elle/on	devrait	il/elle/on	doive
nous	devrons	nous	devrions	nous	devions
vous	devrez	vous	devriez	vous	deviez
ils/elles	devront	ils/elles	devraient	ils/elles	doivent

26	**envoyer** (schicken)					Leçon II 2
Präsens		**Passé composé**			**Imperativ**	
j'	envoie	j'	ai	envoyé	envoie	
tu	envoies	tu	as	envoyé	envoyons	
il/elle/on	envoie	il/elle/on	a	envoyé	envoyez	
nous	envoyons	nous	avons	envoyé	**Participe passé**	
vous	envoyez	vous	avez	envoyé	envoyé, envoyée,	
ils/elles	envoient	ils/elles	ont	envoyé	envoyés, envoyées	
Imparfait		**Plus-que-parfait**			**[Passé simple]**	
j'	envoyais	j'	avais	envoyé	j'	envoyai
tu	envoyais	tu	avais	envoyé	tu	envoyas
il/elle/on	envoyait	il/elle/on	avait	envoyé	il/elle/on	envoya
nous	envoyions	nous	avions	envoyé	nous	envoyâmes
vous	envoyiez	vous	aviez	envoyé	vous	envoyâtes
ils/elles	envoyaient	ils/elles	avaient	envoyé	ils/elles	envoyèrent
Futur simple		**Conditionnel présent**			**Subjonctif présent**	
j'	enverrai	j'	enverrais		j'	envoie
tu	enverras	tu	enverrais		tu	envoies
il/elle/on	enverra	il/elle/on	enverrait		il/elle/on	envoie
nous	enverrons	nous	enverrions		nous	envoyions
vous	enverrez	vous	enverriez		vous	envoyiez
ils/elles	enverront	ils/elles	enverraient		ils/elles	envoient

Ebenso: renvoyer (verweisen).

27	recevoir (empfangen)					II § 13
Präsens		**Passé composé**			**Imperativ**	
je	reçois	j’	ai	reçu	reçois	
tu	reçois	tu	as	reçu	recevons	
il/elle/on	reçoit	il/elle/on	a	reçu	recevez	
nous	recevons	nous	avons	reçu	**Participe passé**	
vous	recevez	vous	avez	reçu	reçu, reçue,	
ils/elles	reçoivent	ils/elles	ont	reçu	reçus, reçues	
Imparfait		**Plus-que-parfait**			**[Passé simple]**	
je	recevais	j’	avais	reçu	je	reçus
tu	recevais	tu	avais	reçu	tu	reçus
il/elle/on	recevait	il/elle/on	avait	reçu	il/elle/on	reçut
nous	recevions	nous	avions	reçu	nous	reçûmes
vous	receviez	vous	aviez	reçu	vous	reçûtes
ils/elles	recevaient	ils/elles	avaient	reçu	ils/elles	reçurent
Futur simple		**Conditionnel présent**			**Subjonctif présent**	
je	recevrai	je	recevrais		je	reçoive
tu	recevras	tu	recevrais		tu	reçoives
il/elle/on	recevra	il/elle/on	recevrait		il/elle/on	reçoive
nous	recevrons	nous	recevrions		nous	recevions
vous	recevrez	vous	recevriez		vous	receviez
ils/elles	recevront	ils/elles	recevraient		ils/elles	reçoivent

Ebenso: s’apercevoir* (bemerken).

28	**rire** (lachen)					II § 27
Präsens		**Passé composé**			**Imperativ**	
je	ris	j'	ai	ri	ris	
tu	ris	tu	as	ri	rions	
il/elle/on	rit	il/elle/on	a	ri	riez	
nous	rions	nous	avons	ri	**Participe passé**	
vous	riez	vous	avez	ri	ri, –,	
ils/elles	rient	ils/elles	ont	ri	–, –	
Imparfait		**Plus-que-parfait**			**[Passé simple]**	
je	riais	j'	avais	ri	je	ris
tu	riais	tu	avais	ri	tu	ris
il/elle/on	riait	il/elle/on	avait	ri	il/elle/on	rit
nous	riions	nous	avions	ri	nous	rîmes
vous	riiez	vous	aviez	ri	vous	rîtes
ils/elles	riaient	ils/elles	avaient	ri	ils/elles	rirent
Futur simple		**Conditionnel présent**			**Subjonctif présent**	
je	rirai	je	rirais		je	rie
tu	riras	tu	rirais		tu	ries
il/elle/on	rira	il/elle/on	rirait		il/elle/on	rie
nous	rirons	nous	ririons		nous	riions
vous	rirez	vous	ririez		vous	riiez
ils/elles	riront	ils/elles	riraient		ils/elles	rient

Ebenso: sourire (lächeln).

29	**falloir** (brauchen, müssen)					II § 34
Präsens		**Passé composé**			**Imperativ**	
–	–	–	–	–		
–	–	–	–	–	–	
il	faut	il	a	fallu		
–	–	–	–	–	**Participe passé**	
–	–	–	–	–	fallu, –,	
–	–	–	–	–	–, –	
Imparfait		**Plus-que-parfait**			**[Passé simple]**	
–	–	–	–	–	–	–
–	–	–	–	–	–	–
il	fallait	il	avait	fallu	il	fallut
–	–	–	–	–	–	–
–	–	–	–	–	–	–
–	–	–	–	–	–	–
Futur simple		**Conditionnel présent**			**Subjonctif présent**	
–	–	–	–		–	–
–	–	–	–		–	–
il	faudra	il	faudrait		il	faille
–	–	–	–		–	–
–	–	–	–		–	–
–	–	–	–		–	–

30	croire (glauben)					II § 39
Präsens		**Passé composé**			**Imperativ**	
je	crois	j'	ai	cru	crois	
tu	crois	tu	as	cru	croyons	
il/elle/on	croit	il/elle/on	a	cru	croyez	
nous	croyons	nous	avons	cru	**Participe passé**	
vous	croyez	vous	avez	cru	cru, crue,	
ils/elles	croient	ils/elles	ont	cru	crus, crues	
Imparfait		**Plus-que-parfait**			**[Passé simple]**	
je	croyais	j'	avais	cru	je	crus
tu	croyais	tu	avais	cru	tu	crus
il/elle/on	croyait	il/elle/on	avait	cru	il/elle/on	crut
nous	croyions	nous	avions	cru	nous	crûmes
vous	croyiez	vous	aviez	cru	vous	crûtes
ils/elles	croyaient	ils/elles	avaient	cru	ils/elles	crurent
Futur simple		**Conditionnel présent**			**Subjonctif présent**	
je	croirai	je	croirais		je	croie
tu	croiras	tu	croirais		tu	croies
il/elle/on	croira	il/elle/on	croirait		il/elle/on	croie
nous	croirons	nous	croirions		nous	croyions
vous	croirez	vous	croiriez		vous	croyiez
ils/elles	croiront	ils/elles	croiraient		ils/elles	croient

31	**conduire** (fahren, lenken)						II §45
Präsens		**Passé composé**				**Imperativ**	
je	conduis	j’	ai	conduit		conduis	
tu	conduis	tu	as	conduit		conduisons	
il/elle/on	conduit	il/elle/on	a	conduit		conduisez	
nous	conduisons	nous	avons	conduit		**Participe passé**	
vous	conduisez	vous	avez	conduit		conduit, conduite,	
ils/elles	conduisent	ils/elles	ont	conduit		conduits, conduites	
Imparfait		**Plus-que-parfait**				**[Passé simple]**	
je	conduisais	j’	avais	conduit		je	conduisis
tu	conduisais	tu	avais	conduit		tu	conduisis
il/elle/on	conduisait	il/elle/on	avait	conduit		il/elle/on	conduisit
nous	conduisions	nous	avions	conduit		nous	conduisîmes
vous	conduisiez	vous	aviez	conduit		vous	conduisîtes
ils/elles	conduisaient	ils/elles	avaient	conduit		ils/elles	conduisirent
Futur simple		**Conditionnel présent**				**Subjonctif présent**	
je	conduirai	je	conduirais			je	conduise
tu	conduiras	tu	conduirais			tu	conduises
il/elle/on	conduira	il/elle/on	conduirait			il/elle/on	conduise
nous	conduirons	nous	conduirions			nous	conduisions
vous	conduirez	vous	conduiriez			vous	conduisiez
ils/elles	conduiront	ils/elles	conduiraient			ils/elles	conduisent

Ebenso: construire (bauen), **détruire** (zerstören), **traduire** (übersetzen).

32	**suivre** (folgen)					III § 19
Präsens		**Passé composé**			**Imperativ**	
je	suis	j'	ai	suivi	suis	
tu	suis	tu	as	suivi	suivons	
il/elle/on	suit	il/elle/on	a	suivi	suivez	
nous	suivons	nous	avons	suivi	**Participe passé**	
vous	suivez	vous	avez	suivi	suivi, suivie,	
ils/elles	suivent	ils/elles	ont	suivi	suivis, suivies	
Imparfait		**Plus-que-parfait**			**[Passé simple]**	
je	suivais	j'	avais	suivi	je	suivis
tu	suivais	tu	avais	suivi	tu	suivis
il/elle/on	suivait	il/elle/on	avait	suivi	il/elle/on	suivit
nous	suivions	nous	avions	suivi	nous	suivîmes
vous	suiviez	vous	aviez	suivi	vous	suivîtes
ils/elles	suivaient	ils/elles	avaient	suivi	ils/elles	suivirent
Futur simple		**Conditionnel présent**			**Subjonctif présent**	
je	suivrai	je	suivrais		je	suive
tu	suivras	tu	suivrais		tu	suives
il/elle/on	suivra	il/elle/on	suivrait		il/elle/on	suive
nous	suivrons	nous	suivrions		nous	suivions
vous	suivrez	vous	suivriez		vous	suiviez
ils/elles	suivront	ils/elles	suivraient		ils/elles	suivent

Ebenso: [poursuivre] (fortfahren).

33	battre (schlagen, besiegen)					Leçon III 5	
Präsens		**Passé composé**				**Imperativ**	
je	bats	j’	ai	battu		bats	
tu	bats	tu	as	battu		battons	
il/elle/on	bat	il/elle/on	a	battu		battez	
nous	battons	nous	avons	battu		**Participe passé**	
vous	battez	vous	avez	battu		battu, battue,	
ils/elles	battent	ils/elles	ont	battu		battus, battues	
Imparfait		**Plus-que-parfait**				**[Passé simple]**	
je	battais	j’	avais	battu		je	battis
tu	battais	tu	avais	battu		tu	battis
il/elle/on	battait	il/elle/on	avait	battu		il/elle/on	battit
nous	battions	nous	avions	battu		nous	battîmes
vous	battiez	vous	aviez	battu		vous	battîtes
ils/elles	battaient	ils/elles	avaient	battu		ils/elles	battirent
Futur simple		**Conditionnel présent**				**Subjonctif présent**	
je	battrai	je	battrais			je	batte
tu	battras	tu	battrais			tu	battes
il/elle/on	battra	il/elle/on	battrait			il/elle/on	batte
nous	battrons	nous	battrions			nous	battions
vous	battrez	vous	battriez			vous	battiez
ils/elles	battront	ils/elles	battraient			ils/elles	battent

34 <**se foutre de qn/qc**> (auf jdn./etwas pfeifen)		<Leçon II 9, 9>; Leçon III 3
Präsens	**[Passé composé]**	**[Imperativ]**
je m' en fous	je m' en suis foutu(e)	fous – t' – en
tu t' en fous	tu t' en es foutu(e)	foutons – nous – en
il/elle/on s' en fout	il/elle/on s' en est foutu(e)	foutez – vous – en
nous nous en foutons	nous nous en sommes foutu(e)s	**[Participe passé]**
vous vous en foutez	vous vous en êtes foutu(e)s	foutu, foutue,
ils/elles s' en foutent	ils/elles s' en sont foutu(e)s	foutus, foutues
[Imparfait]	**[Plus-que-parfait]**	**[Passé simple]**
je m' en foutais	je m' en étais foutu(e)	
tu t' en foutais	tu t' en étais foutu(e)	–
il/elle/on s' en foutait	il/elle/on s' en était foutu(e)	
nous nous en foutions	nous nous en étions foutu(e)s	
vous vous en foutiez	vous vous en étiez foutu(e)s	
ils/elles s' en foutaient	ils/elles s' en étaient foutu(e)s	
[Futur simple]	**[Conditionnel présent]**	**[Subjonctif présent]**
je m' en foutrai	je m' en foutrais	je m' en foute
tu t' en foutras	tu t' en foutrais	tu t' en foutes
il/elle/on s' en foutra	il/elle/on s' en foutrait	il/elle/on s' en foute
nous nous en foutrons	nous nous en foutrions	nous nous en foutions
vous vous en foutrez	vous vous en foutriez	vous vous en foutiez
ils/elles s' en foutront	ils/elles s' en foutraient	ils/elles s' en foutent

Von dem Verb **se foutre de qn/qc** hast du bisher die blau hinterlegte Form kennen gelernt.
Alle anderen Formen musst du jetzt noch nicht lernen.

35 **s'asseoir** (sich setzen) III § 21

Präsens

je	m'	assois
tu	t'	assois
il/elle/on	s'	assoit
nous	nous	asseyons
vous	vous	asseyez
ils/elles	s'	assoient

Passé composé

je	me	suis	assis(e)
tu	t'	es	assis(e)
il/elle/on	s'	est	assis(e)
nous	nous	sommes	assis(e)s
vous	vous	êtes	assis(e)s
ils/elles	se	sont	assis(e)s

Imperativ

assieds	– toi
asseyons	– nous
asseyez	– vous

Participe passé

assis, assise,
assis, assises

Imparfait

je	m'	asseyais
tu	t'	asseyais
il/elle/on	s'	asseyait
nous	nous	asseyions
vous	vous	asseyiez
ils/elles	s'	asseyaient

Plus-que-parfait

je	m'	étais	assis(e)
tu	t'	étais	assis(e)
il/elle/on	s'	était	assis(e)
nous	nous	étions	assis(e)s
vous	vous	étiez	assis(e)s
ils/elles	s'	étaient	assis(e)s

[Passé simple]

je	m'	assis
tu	t'	assis
il/elle/on	s'	assit
nous	nous	assîmes
vous	vous	assîtes
ils/elles	s'	assirent

Futur simple

je	m'	assiérai
tu	t'	assiéras
il/elle/on	s'	assiéra
nous	nous	assiérons
vous	vous	assiérez
ils/elles	s'	assiéront

Conditionnel présent

je	m'	assiérais
tu	t'	assiérais
il/elle/on	s'	assiérait
nous	nous	assiérions
vous	vous	assiériez
ils/elles	s'	assiéraient

Subjonctif présent

je	m'	asseye
tu	t'	asseyes
il/elle/on	s'	asseye
nous	nous	asseyions
vous	vous	asseyiez
ils/elles	s'	asseyent

36 **mourir** (sterben) — III § 20

Präsens		Passé composé			Imperativ	
je	meurs	je	suis	mort(e)	meurs	
tu	meurs	tu	es	mort(e)	mourons	
il/elle/on	meurt	il/elle/on	est	mort(e)	mourez	
nous	mourons	nous	sommes	mort(e)s	**Participe passé**	
vous	mourez	vous	êtes	mort(e)s	mort, morte,	
ils/elles	meurent	ils/elles	sont	mort(e)s	morts, mortes	
Imparfait		**Plus-que-parfait**			**[Passé simple]**	
je	mourais	j'	étais	mort(e)	je	mourus
tu	mourais	tu	étais	mort(e)	tu	mourus
il/elle/on	mourait	il/elle/on	était	mort(e)	il/elle/on	mourut
nous	mourions	nous	étions	mort(e)s	nous	mourûmes
vous	mouriez	vous	étiez	mort(e)s	vous	mourûtes
ils/elles	mouraient	ils/elles	étaient	mort(e)s	ils/elles	moururent
Futur simple		**Conditionnel présent**			**Subjonctif présent**	
je	mourrai	je	mourrais		je	meure
tu	mourras	tu	mourrais		tu	meures
il/elle/on	mourra	il/elle/on	mourrait		il/elle/on	meure
nous	mourrons	nous	mourrions		nous	mourions
vous	mourrez	vous	mourriez		vous	mouriez
ils/elles	mourront	ils/elles	mourraient		ils/elles	meurent

37	craindre (fürchten)					III § 22
Präsens		**Passé composé**			**Imperativ**	
je	crains	j’	ai	craint	crains	
tu	crains	tu	as	craint	craignons	
il/elle/on	craint	il/elle/on	a	craint	craignez	
nous	craignons	nous	avons	craint	**Participe passé**	
vous	craignez	vous	avez	craint	craint, crainte,	
ils/elles	craignent	ils/elles	ont	craint	craints, craintes	
Imparfait		**Plus-que-parfait**			**[Passé simple]**	
je	craignais	j’	avais	craint	je	craignis
tu	craignais	tu	avais	craint	tu	craignis
il/elle/on	craignait	il/elle/on	avait	craint	il/elle/on	craignit
nous	craignions	nous	avions	craint	nous	craignîmes
vous	craigniez	vous	aviez	craint	vous	craignîtes
ils/elles	craignaient	ils/elles	avaient	craint	ils/elles	craignirent
Futur simple		**Conditionnel présent**			**Subjonctif présent**	
je	craindrai	je	craindrais		je	craigne
tu	craindras	tu	craindrais		tu	craignes
il/elle/on	craindra	il/elle/on	craindrait		il/elle/on	craigne
nous	craindrons	nous	craindrions		nous	craignions
vous	craindrez	vous	craindriez		vous	craigniez
ils/elles	craindront	ils/elles	craindraient		ils/elles	craignent

Ebenso: se plaindre* (sich beklagen), **éteindre** (ausmachen, ausschalten), **peindre** (anmalen, streichen).

38	**fuir** (fliehen)					IV § 19
Präsens		**Passé composé**			**Imperativ**	
je	fuis	j’	ai	fui	fuis	
tu	fuis	tu	as	fui	fuyons	
il/elle/on	fuit	il/elle/on	a	fui	fuyez	
nous	fuyons	nous	avons	fui	**Participe passé**	
vous	fuyez	vous	avez	fui	fui, fuie,	
ils/elles	fuient	ils/elles	ont	fui	fuis, fuies	
Imparfait		**Plus-que-parfait**			**[Passé simple]**	
je	fuyais	j’	avais	fui	je	fuis
tu	fuyais	tu	avais	fui	tu	fuis
il/elle/on	fuyait	il/elle/on	avait	fui	il/elle/on	fuit
nous	fuyions	nous	avions	fui	nous	fuîmes
vous	fuyiez	vous	aviez	fui	vous	fuîtes
ils/elles	fuyaient	ils/elles	avaient	fui	ils/elles	fuirent
Futur simple		**Conditionnel présent**			**Subjonctif présent**	
je	fuirai	je	fuirais		je	fuie
tu	fuiras	tu	fuirais		tu	fuies
il/elle/on	fuira	il/elle/on	fuirait		il/elle/on	fuie
nous	fuirons	nous	fuirions		nous	fuyions
vous	fuirez	vous	fuiriez		vous	fuyiez
ils/elles	fuiront	ils/elles	fuiraient		ils/elles	fuient

39	**interrompre** (unterbrechen)					IV § 20
Präsens		**Passé composé**			**Imperativ**	
j'	interromps	j'	ai	interrompu	interromps	
tu	interromps	tu	as	interrompu	interrompons	
il/elle/on	interrompt	il/elle/on	a	interrompu	interrompez	
nous	interrompons	nous	avons	interrompu	**Participe passé**	
vous	interrompez	vous	avez	interrompu	interrompu, interrompue,	
ils/elles	interrompent	ils/elles	ont	interrompu	interrompus, interrompues	
Imparfait		**Plus-que-parfait**			**[Passé simple]**	
j'	interrompais	j'	avais	interrompu	j'	interrompis
tu	interrompais	tu	avais	interrompu	tu	interrompis
il/elle/on	interrompait	il/elle/on	avait	interrompu	il/elle/on	interrompit
nous	interrompions	nous	avions	interrompu	nous	interrompîmes
vous	interrompiez	vous	aviez	interrompu	vous	interrompîtes
ils/elles	interrompaient	ils/elles	avaient	interrompu	ils/elles	interrompirent
Futur simple		**Conditionnel présent**			**Subjonctif présent**	
j'	interromprai	j'	interromprais		j'	interrompe
tu	interrompras	tu	interromprais		tu	interrompes
il/elle/on	interrompra	il/elle/on	interromprait		il/elle/on	interrompe
nous	interromprons	nous	interromprions		nous	interrompions
vous	interromprez	vous	interrompriez		vous	interrompiez
ils/elles	interrompront	ils/elles	interrompraient		ils/elles	interrompent

40	**suffire** (genügen)						IV § 21
Präsens		**Passé composé**				**Imperativ**	
je	suffis	j'	ai	suffi		suffis	
tu	suffis	tu	as	suffi		suffisons	
il/elle/on	suffit	il/elle/on	a	suffi		suffisez	
nous	suffisons	nous	avons	suffi		**Participe passé**	
vous	suffisez	vous	avez	suffi		suffi, –,	
ils/elles	suffisent	ils/elles	ont	suffi		–, –	
Imparfait		**Plus-que-parfait**				**[Passé simple]**	
je	suffisais	j'	avais	suffi		je	suffis
tu	suffisais	tu	avais	suffi		tu	suffis
il/elle/on	suffisait	il/elle/on	avait	suffi		il/elle/on	suffit
nous	suffisions	nous	avions	suffi		nous	suffîmes
vous	suffisiez	vous	aviez	suffi		vous	suffîtes
ils/elles	suffisaient	ils/elles	avaient	suffi		ils/elles	suffirent
Futur simple		**Conditionnel présent**				**Subjonctif présent**	
je	suffirai	je	suffirais			je	suffise
tu	suffiras	tu	suffirais			tu	suffises
il/elle/on	suffira	il/elle/on	suffirait			il/elle/on	suffise
nous	suffirons	nous	suffirions			nous	suffisions
vous	suffirez	vous	suffiriez			vous	suffisiez
ils/elles	suffiront	ils/elles	suffiraient			ils/elles	suffisent

41	naître (geboren werden, entstehen)					IV § 22
Präsens		**Passé composé**			**Imperativ**	
je	nais	je	suis	né(e)	nais	
tu	nais	tu	es	né(e)	naissons	
il/elle/on	naît	il/elle/on	est	né(e)	naissez	
nous	naissons	nous	sommes	né(e)s	**Participe passé**	
vous	naissez	vous	êtes	né(e)s	né, née,	
ils/elles	naissent	ils/elles	sont	né(e)s	nés, nées	
Imparfait		**Plus-que-parfait**			**[Passé simple]**	
je	naissais	j'	étais	né(e)	je	naquis
tu	naissais	tu	étais	né(e)	tu	naquis
il/elle/on	naissait	il/elle/on	était	né(e)	il/elle/on	naquit
nous	naissions	nous	étions	né(e)s	nous	naquîmes
vous	naissiez	vous	étiez	né(e)s	vous	naquîtes
ils/elles	naissaient	ils/elles	étaient	né(e)s	ils/elles	naquirent
Futur simple		**Conditionnel présent**			**Subjonctif présent**	
je	naîtrai	je	naîtrais		je	naisse
tu	naîtras	tu	naîtrais		tu	naisses
il/elle/on	naîtra	il/elle/on	naîtrait		il/elle/on	naisse
nous	naîtrons	nous	naîtrions		nous	naissions
vous	naîtrez	vous	naîtriez		vous	naissiez
ils/elles	naîtront	ils/elles	naîtraient		ils/elles	naissent

Das Verb **naître** kommt fast nur in der 3. Person Singular und Plural vor. Daher sind diese Formen hier blau hinterlegt.

VERBENLISTE

* Diese Verben bilden das **Passé composé** mit *être*.

(*) Diese Verben bilden in manchen Bedeutungen das **Passé composé** mit *être*.

A

			N°
abdiquer	aufgeben, kapitulieren, abdanken	IV 4, 9	**1a**
accepter	akzeptieren; annehmen	IV 1	**1a**
accompagner	begleiten	I 8E	**1a**
[s'accrocher*]	sich (fest)klammern	IV M2	**1a**
[s'accrocher* à qc]	sich an etw. (fest)klammern	IV M2	
acheter	kaufen	I 8	**1c**
adorer	sehr gerne mögen	<I 4Z>; II 1	**1a**
adorer faire qc	etw. sehr gern tun	II 4, 12	
[s'agir*]	gehen, handeln	<IV M1C, 5>; IV M2, 10	**3b**
[s'agir* de qn/qc]	um jdn./etw. gehen, von jdm./etw. handeln	<IV M1C, 5>; IV M2, 10	
aider	helfen	I 6A	**1a**
aimer	lieben/mögen	I 2	**1a**
aimer faire qc	etw. gerne tun	<I 4Z>; I 6B	
aimer mieux qc	etw. lieber mögen	III 3	
ajouter	hinzufügen	II 5	**1a**
aller*	gehen, fahren	I 5E	**7**
aller* au cinéma	ins Kino gehen	I 5E	
aller* chercher qc	etw. holen	I 6B	
aller* chez qn	zu jdm. *(nach Hause)* gehen	I 5E	
aller* faire qc	etw. tun werden	I 6E	
s'en aller*	weggehen	IV 5 S.3	
s'allonger*	sich hinlegen, sich ausstrecken	III 1	**1f**

VERBENLISTE

[**amener**]	mitbringen	IV M3	**1c**
s'amuser*	sich vergnügen, sich amüsieren	II 7B	**1a**
annoncer	ankündigen	II 5	**1e**
s'apercevoir*	bemerken	IV 2	**27**
s'apercevoir* de qc	etw. bemerken	IV 2	
[**apparaître**]	(plötzlich) erscheinen, auftauchen	IV M1A	**22**
appeler	(an)rufen	<I 5>; II 5	**1b**
s'appeler*	heißen	I 1E	
applaudir	Beifall klatschen	II 4	**3b**
apporter	(mit)bringen	II 6E	**1a**
apporter qc à qn	jdm. etw. (mit)bringen	II 6E	
apprendre	lernen	I 6B, 10	**13**
apprendre qc par cœur	etw. auswendig lernen	I 6B, 10	
[**s'approcher***]	sich nähern, näher kommen	IV M3E	**1a**
[s'approcher* de qn/qc]	sich jdm./etw. nähern, jdm./etw. näher kommen	IV M3E	
[**appuyer**]	drücken	I 8Z	**1g**
arrêter	anhalten, festnehmen	I 5	**1a**
arrêter de faire qc	aufhören, etw. zu tun	II 1,5	
[arrêter qn/qc]	jdn./etw. aufhalten, jdn./etw. stoppen	III M1	
Arrête ton cinéma! *(fam.)*	Hör auf mit dem Theater! *(ugs.)*	III 1	
s'arrêter*	anhalten	III 2	
arriver*	(an)kommen	I 4	**1a**
qc arrive* à qn	etw. geschieht jdm., etw. passiert jdm.	II 7A	
s'asseoir*	sich setzen	III 4	**35**
attacher	(fest)binden	I 4	**1a**
attaquer	angreifen	<II 9>; III 5	**1a**
attendre	warten, erwarten	I 8	**2**

VERBENLISTE

attraper	(ein)fangen, erwischen	I 5	**1a**
[avancer]	vorankommen	<II 8B>; III M1	**1e**
avoir	haben	I 4	**5**
avoir besoin de qc	etw. brauchen	<I 8Z>; II 7A	
avoir besoin de faire qc	etw. tun müssen	<I 8Z>; III 3	
avoir confiance en qn/qc	in jdn./etw. Vertrauen haben	IV 4	
avoir douze ans	zwölf Jahre alt sein	I 4	
avoir envie	Lust haben	I 4	
avoir envie de faire qc	Lust haben, etw. zu tun	I 6B	
avoir faim	Hunger haben	I 8	
avoir horreur de qc	etw. verabscheuen, etw. nicht ausstehen können	II 4	
avoir le coup de foudre pour qn/qc	sich auf den ersten Blick in jdn. verlieben	II 3A	
avoir mal	Schmerzen haben	II 3B	
avoir peur	Angst haben	I 4	
avoir peur de faire qc	Angst haben, etw. zu tun	I 6B	
[avoir raison]	Recht haben	II 9	
avoir rendez-vous	eine Verabredung/ einen Termin haben	I 4, 3	
avoir soif	Durst haben	II 5	
avoir un chat dans la gorge	einen Frosch im Hals haben *(Redensart)*/ einen rauen Hals haben	I 6B	
[avoir un poil dans la main *(fam.)*]	auf der faulen Haut liegen *(ugs.)*	IV M1C	
en avoir marrc dc qc	von etw. die Nase voll haben *(ugs.)*	II 4	
N'aie pas peur!	Hab keine Angst!	III 5	
avouer	zugeben, gestehen	III 1	**1a**

VERBENLISTE

B

se baigner*	baden	III 1	**1a**
se balader* *(fam.)*	spazieren gehen	III 1	**1a**
battre	schlagen, besiegen	<II 9, 8>; III 5	**33**
[se battre* avec qn]	sich mit jdm. prügeln, mit jdm. kämpfen	IV M1B	
[blesser]	verletzen	III M1	**1a**
boire	trinken	I 7	**17**
boire à qc	auf etw. trinken/anstoßen	I 7	
bosser *(fam.)*	schuften *(ugs.)*	IV 2, 3	**1a**
bouger	sich bewegen	I 6A	**1f**
bousculer	anrempeln	I 5	**1a**
bronzer	braun werden	IV 5 S.2	**1a**
brûler	verbrennen	<III M1>; IV 5 S.1 - 2, 2	**1a**

C

cacher	verstecken	II 7B	**1a**
se cacher*	sich verstecken	II 7B	
[se calmer*]	sich beruhigen	III M1	**1a**
[camper]	campen, zelten	IV M3	**1a**
[capituler]	sich ergeben, kapitulieren	II 9, 8	**1a**
caresser	streicheln	III 2	**1a**
casser	kaputt machen	<III M1>; IV 4	**1a**
casser la figure à qn *(fam.)*	jdm. die Visage polieren *(ugs.)*	IV 4	
[casser les pieds à qn *(fam.)*]	jdm. auf den Wecker fallen *(ugs.)*	IV M1C	
changer	wechseln	I 7	**1f**
changer de qc	etw. wechseln	II 1	
changer de train	umsteigen, den Zug wechseln	I 7E	
chanter	singen	I 7	**1a**

VERBENLISTE

chercher	suchen	I 2E	**1a**
aller* chercher qc	etw. holen	I 6B	
[venir* chercher qn]	jdn. abholen kommen	<I 9B>; III M2	
choisir	wählen, aussuchen	II 4	**3b**
classer	einordnen	II 1, 6	**1a**
[cliquer]	klicken	<II 4, Z>; III M2	**1a**
[cliquer sur qc]	auf etw. klicken	III M2	
coller	(an)kleben	I 2	**1a**
combiner	kombinieren, verbinden	IV 5 S.5, 1	**1a**
commencer	anfangen	I 8	**1e**
commencer à faire qc	anfangen, etw. zu tun	<II 1Z>; II 2, 3	
commencer par qc	mit etw. beginnen, mit etw. anfangen	III 5, 5	
communiquer	kommunizieren	II 6E	**1a**
communiquer avec qn	mit jdm. kommunizieren, Nachrichten austauschen	II 6E	
compléter	vervollständigen	IV 3E	**1d**
comprendre	verstehen	I 8	**13**
compter	zählen	I 4, 2	**1a**
conduire	fahren; führen	II 7B	**31**
[conduire qn/qc]	jdn./etw. fahren; (hier) jdn. bringen	III M3	
[conduire qn à bon port]	jdn. in den sicheren Hafen führen	III M2	
connaître	kennen	II 3A	**22**
ne rien connaître à qc	nichts von etw. verstehen	II 3A	
[se connecter*]	sich einloggen	III M2	**1a**
consoler	trösten	III 5E	**1a**
construire	bauen	II 7B	**31**
contacter	in Verbindung treten	II 7E	**1a**
continuer	weitermachen, fortfahren	I 8	**1a**
continuer à faire qc	etw. weitermachen; fortfahren, etw. zu tun	II 4	

contrôler	kontrollieren	III 3	**1a**
convoquer	bestellen, kommen lassen	IV 1	**1a**
copier	kopieren, abschreiben	II 6, 6	**1a**
se coucher*	sich schlafen legen, sich hinlegen	III 5	**1a**
couler	fließen, rinnen, strömen, tropfen	IV 4	**1a**
couper	schneiden	I 6B	**1a**
courir	laufen, rennen	II 2	**24**
coûter	kosten	<II 7Z>; IV 4	**1a**
coûter cher	teuer sein; *(hier)* teuer zu stehen kommen	IV 4	
couvrir	bedecken	IV 5 S.1	**16**
craindre	fürchten	III 5	**37**
créer	schaffen, kreieren	IV 5 S.1	**1a**
creuser	(aus)graben	IV 2	**1a**
crier	schreien	I 4	**1a**
croire	glauben	II 6	**30**
[croire à qc]	an etw. glauben	IV M2	

D

danser	tanzen	II 2E	**1a**
se débrouiller*	zurechtkommen, sich zu helfen wissen	IV 1	**1a**
débuter	anfangen, Anfänger sein	I 4	**1a**
[**déchirer**]	zerreißen	IV M3	**1a**
décider	beschließen; entscheiden	IV 1	**1a**
décider de faire qc	beschließen, etw. zu tun; entscheiden, etw. zu tun	IV 1	
déclarer	erklären	III 5	**1a**
déclarer qc à qn	jdm. etw. erklären	III 5	
découvrir	entdecken	II 7B	**16**
décrire	beschreiben	II 7A, 5	**15**
se défendre*	sich verteidigen	IV 4	**2**

VERBENLISTE

demander	fragen	I 6A	**1a**
demander à qn de faire qc	jdn. darum bitten, etwas zu tun	II 4, 6	
demander à qn si	jdn. fragen, ob	I 8	
demander pardon à qn	sich bei jdm. entschuldigen	III 1	
demander qc à qn	jdn. etwas fragen	I 6A	
déménager	umziehen	II 1	**1f**
[**dépasser**]	hervorragen, überragen	IV M3.	**1a**
[**se dérouler***]	sich abspielen, spielen, stattfinden	IV M1C,. 5	**1a**
descendre*	hinuntergehen, aussteigen	II 2E	**2**
désirer	wünschen	I 8	**1a**
dessiner	zeichnen.	I 2	**1a**
détester	verabscheuen, überhaupt nicht mögen	II 4	**1a**
détruire	zerstören, vernichten	<III M1>; IV 5 V.g.	**31**
devenir*	werden	<II 8A>;. III 4	**8**
deviner	erraten	<II 8A, 8>; III 4E	**1a**
devoir	müssen	II 2	**25**
devoir faire qc	etw. tun müssen	II 2	
dire	sagen	I 8	**18**
Ça te dit?	Hast du Lust dazu?/ Sagt dir das zu?	II 3B	
dire à qn que …	jdm. sagen, dass …	I 8	
dire qc à qn	jdm. etw. sagen	I 8	
dire qc dans sa barbe	etw. undeutlich sagen	II 7A	
[Dis donc! *(fam.)*]	Sag bloß! *(ugs.)*	III M3	
discuter	sich unterhalten/ diskutieren	I 3A	**1a**
disparaître	verschwinden	IV 4	**22**

se disputer*	sich streiten	II 7B	**1a**
se disputer* avec qn	sich mit jdm. streiten	II 7B	
donner	geben	I 6A	**1a**
donner qc à qn	jdm. etw. geben	I 6A	
donner rendez-vous à qn	sich mit jdm. verabreden	IV 2, 4	
[se donner* du courage]	Mut fassen	IV M1B	
dormir	schlafen	<I 9A>; II 1	**3a**
draguer *(fam.)*	anbaggern, anmachen *(ugs.)*	III 1	**1a**
[durer]	dauern	IV M1C, 5	**1a**

E

écouter	zuhören	I 3B	**1a**
écrire	schreiben	I 7	**15**
s'éloigner*	sich entfernen	II 7B	**1a**
embrasser	küssen, umarmen	<I 9A>; II 1E	**1a**
[emporter]	mitnehmen	I 9B	**1a**
s'endormir*	einschlafen	III 3	**3a**
énerver	aufregen	II 2	**1a**
s'engager*	sich einsetzen	IV 2, 8	**1f**
s'engager* pour qc	sich für etw. einsetzen	IV 2, 8	
enlever	ausziehen; abräumen; entführen	IV 1, 4	**1c**
enregistrer	aufnehmen, aufzeichnen	III 4	**1a**
entendre	hören.	I 8	**2**
s'entraîner*	trainieren, üben	III 3	**1a**
entrer*	eintreten/betreten/hereinkommen	I 2	**1a**
entrer* dans qc	eintreten/betreten/hereinkommen in etw.	I 2	

envoyer	schicken	II 2	**26**
envoyer qc à qn	jdm. etw. schicken	II 2	
espérer	hoffen	<II 9>; III 4	**1d**
essayer	versuchen, ausprobieren, anprobieren	<III M2>; IV 4	**1g**
essayer de faire qc	versuchen, etw. zu tun	IV 4	
éteindre	ausmachen, ausschalten	III 5	**37**
être	sein	I 3A	**4**
Ça y est!	Das wär's!, Geschafft!	IV 2	
C'est le pied! *(fam.)*	Das ist der Hammer! *(ugs.)*	III 2	
C'est notre première télé.	Das ist unser erster Fernsehauftritt.	III 4	
c'est pourquoi	deshalb	III 1	
C'est trop! *(fam.)*	Das gibt's ja nicht! *(ugs.)*	III 4	
être enterré(e)	begraben sein	IV 2	
être en retard	sich verspäten	II 2	
être en train de faire qc	gerade etw. tun	II 4	
[être jumelé(e) avec qn/qc]	mit jdm./etw. partnerschaftlich verbunden sein	IV M3, 4	
être mort(e)	gestorben sein, tot sein	III 2, 7	
être né(e)	geboren werden	II 5	
[ne pas être dans son assiette *(fam.)*]	nicht auf dem Damm sein *(ugs.)*	IV M1C, 4	
qn est désolé	es tut jdm. leid	II 2	
qc est nul/nulle *(fam.)*	etw. ist blöd, bringt's nicht *(ugs.)*	II 2	
étudier	studieren	IV 3E	**1a**
éviter	vermeiden	I 7, 17	**1a**
s'excuser*	sich entschuldigen	III 1, 9	**1a**
exiger	verlangen, fordern	IV 1	**1f**
expliquer	erklären	I 8	**1a**
expliquer qc à qn	jdm. etw. erklären	I 8	
[**exploser**]	explodieren; *(hier)* ausbrechen	I 8Z	**1a**

F

[**fabriquer**]	herstellen	II 9E	**1a**
faire	machen	I 4E	**6**
[faire]	*(hier)* messen	III M1	
faire attention	aufpassen/acht geben	I 5	
faire demi-tour	wenden, umdrehen	II 7A, 6	
faire du cheval	reiten	IV 5 S.1	
faire du sport	Sport treiben	I 4E	
[faire école]	Schule machen	IV M1E	
faire envie à qn	jdn. neidisch machen	III 2	
[faire faire qc]	etw. tun lassen	IV M1E	
[faire la connaissance de qn/qc]	mit jdm./etw. Bekanntschaft machen	IV M1B	
faire la tête (fam.)	schmollen, sauer sein *(ugs.)*	II 2	
faire les courses *(f.) (pl.)*	einkaufen	II 5E	
faire les magasins *(fam.)*	die Geschäfte abklappern *(ugs.)*	II 3B	
faire peur à qn	jdm. Angst machen	II 5	
faire qc au noir	etw. „schwarz“ machen *(ohne Berechtigung)*	III 3	
faire venir qn	jdn. kommen lassen	IV 1	
il fait beau	es ist schönes Wetter	II 1	
il fait chaud	es ist warm/heiß	<I 9A>; II 1	
il fait trente degrés	es sind 30 Grad	II 1	
sans rien faire	ohne etw. zu tun	II 7B	
s'en faire*	sich Sorgen machen	IV 4	
falloir	brauchen, müssen	II 5	**29**
il faut faire qc	man muss etw. tun	II 5	
il faut qc	man braucht etw.	II 5	
il faut qc à qn	jd. braucht etw.	II 5	
il faut que	man muss; es ist nötig, dass	II 9	

fermer	schließen	<II 8A>; III 5E	**1a**
[fermer qc à clé]	etw. abschließen	<III M1>; IV M1A	
fêter	feiern	<II 9>; <III M2>; IV 5 S.4	**1a**
filer *(fam.)*	rüberwachsen lassen *(ugs.)*	IV 4	**1a**
filmer	filmen	III 4	**1a**
finir	beenden	II 4	**3b**
finir par qc	mit. etw. aufhören	III 5, 5	
flasher *(fam.)*	abfahren *(ugs.)*	III 1	**1a**
flasher sur qn *(fam.)*	auf jdn./etw. abfahren *(ugs.)*	III 1	
fonder	gründen	IV 5 V.g.	**1a**
former	gründen	III 4	**1a**
<se foutre de qn/qc>	auf jdn./etw. pfeifen *(ugs.)*	<II 9,9>; III 3	**34**
Je m'en fous! *(fam.)*	Das ist mir schnuppe!/ Ich pfeife darauf! *(ugs.)*	<II 9,9>; III 3	
fuir	fliehen, flüchten	IV 5 S.3	**38**
fumer	rauchen	III 1, 12	**1a**

G

gagner	gewinnen; verdienen	II 6	**1a**
garder	bewachen, behalten	<II 8B>; <III M3E>; IV 1, 3	**1a**
goûter	probieren, kosten	II 5	**1a**
goûter à qc	etw. probieren, etw. kosten	IV 3	
grandir	wachsen	IV 5 S.5	**3b**
grimper	klettern	I 4	**1a**

H

s'habiller*	sich anziehen, sich kleiden	IV 1	**1a**
habiter	wohnen	I 3E	**1a**
s'habituer*	sich gewöhnen	III 3	**1a**
s'habituer* à qn/qc	sich an jdn./ etw. gewöhnen	III 3	
halluciner *(fam.)*	völlig abdrehen *(ugs.)*	III 4	**1a**

I

imaginer	sich (aus)denken	II 1,1	**1a**
imiter	nachahmen	II 3A	**1a**
<importer>	bedeuten, wichtig sein	IV 2	**1a**
N'importe quoi!	So ein Quatsch!	IV 2	
indiquer	anzeigen, eine Angabe machen	II 4, 5	**1a**
indiquer qc à qn	jdm. etw. anzeigen, jdm. eine Angabe machen	II 4, 5	
installer	aufstellen, installieren	II 6	**1a**
interdire	verbieten	III 1, 9	**18**
interdire à qn de faire qc	jdm. verbieten, etw. zu tun	III 1, 9	
intéresser	interessieren	II 2	**1a**
[s'intéresser* à qc]	sich für etw. interessieren	<II 8A>; III M3, 2	
interroger	befragen	<II 8Z>; IV 4	**1f**
interrompre	unterbrechen	IV 5 S.3	**39**
inventer	erfinden	<II 9E>; III 2, 7	**1a**
inviter	einladen	I 6B, 4	**1a**

J

[**jeter**]	werfen	III M1	**1b**

jouer	spielen	I 3A	**1a**
jouer à	spielen *(Spiel)*	I 7	
[jouer à cache-cache avec qn]	mit jdm. Versteck(en) spielen	IV M1A	
jouer de	spielen *(Instrument)*	I 7	

L

laisser	(zurück)lassen	III 5	**1a**
laisser qn faire qc	jdn. etw. machen lassen	IV 1	
[**laver**]	waschen	IV M1A	**1a**
[**lever**]	heben	II 9Z	**1c**
se lever*	aufstehen; sich erheben, (Wind) aufkommen	II 7B	
lire	lesen	I 7	**14**

M

manger	essen	I 6A	**1f**
manquer	fehlen	II 5	**1a**
il manque qc	es fehlt etw.	II 5	
maquiller	schminken	IV 1	**1a**
marcher	gehen, laufen; funktionieren	II 2	**1a**
[**se marier***]	heiraten	II 9	**1a**
[marier qn à qn]	jdn. mit jdm. verheiraten	IV M3, 7	
[se marier* avec qn]	jdn. heiraten	II 9	
marquer	markieren/anzeigen; *(hier)* schreiben	I 2	**1a**
[**mélanger**]	mischen	II 8B	**1f**
mêler	verwickeln	IV 4	**1a**
mêler qn à qc	jdn. in etw. verwickeln	IV 4	
mener	führen, leiten	IV 2, 11	**1c**
mentir	lügen	IV 4	**3a**
mettre	legen, setzen, stellen; anziehen	<I 9B>; II 1	**19**
mettre la table	den Tisch decken	II 1	
mettre qc en relief	etw. hervorheben	II 7A, 4	

[mettre quatre heures pour faire qc]	vier Stunden brauchen, um etw. zu tun	IV M2	
monter*	steigen, einsteigen	I 5	**1a**
montrer	zeigen	II 4E	**1a**
montrer qc à qn	jdm. etw. zeigen	II 4E	
se moquer*	sich lustig machen	III 1	**1a**
se moquer* de qn	sich über jdn. lustig machen	III 1	
motiver	motivieren	IV 3, 3	**1a**
[**se moucher***]	sich schnäuzen, sich die Nase putzen	I 8Z	**1a**
mourir*	sterben	III 4	**36**

N

naître*	geboren werden	IV 5 S. 3	**41**
nettoyer	reinigen, säubern	IV 2	**1g**
[**se noyer***]	ertrinken; sich ertränken	IV M2	**1g**

O

obliger	zwingen	IV 5 S. 3	**1f**
obliger qn à faire qc	jdn. zwingen, etw. zu tun	IV 5 S. 3	
observer	beobachten	IV 5 S. 1	**1a**
occuper	*(hier)* besetzen	IV 5 S. 3	**1a**
s'occuper*	sich beschäftigen; sich kümmern	III 3	
s'occuper* de qn/qc	sich mit jdm./etw. beschäftigen; sich um jdn./etw. kümmern	III 3	
offrir	anbieten, schenken	<I 8Z>; III 4	**16**
offrir qc à qn	jdm. etw. anbieten; jdm. etw. schenken	III 4	
organiser	organisieren	I 8E	**1a**
oublier	vergessen	I 6B	**1a**
ouvrir	öffnen	I 7	**16**

P

parler	sprechen	I 6A	**1a**
parler à qn	mit jdm. sprechen, zu jdm. sprechen	I 6A	
parler de qc	über etw. sprechen	II 3B	
[parler l'arabe]	Arabisch sprechen	I 9A	
Tu parles! *(fam.)*	von wegen *(ugs.)*	II 6	
participer	teilnehmen	<III M3>; IV 2	**1a**
participer à qc	an etw. teilnehmen	<III M3>; IV 2	
partir*	weggehen, abfahren	<9A>; II 1	**3a**
[partir* en vacances]	in die Ferien/in den Urlaub fahren	I 9E	
passer(*)	vorbeigehen, -fahren, -kommen; laufen/spielen (im Radio)	<I 8Z>; II 1	**1a**
passer à la télé	einen Fernsehauftritt haben	III 4	
[passer ses vacances]	seine/ihre Ferien verbringen	I 9E	
passer un entretien	ein Bewerbungsgespräch führen	IV 2, 11	
se passer*	geschehen, sich ereignen	II 7B	
payer	bezahlen	I 8	**1g**
[pêcher]	angeln, fischen	IV M3	**1a**
peindre	anmalen, anstreichen	III 5	**37**
penser	denken	II 3B	**1a**
penser à qn	an jdn. denken	II 3B	
perdre	verlieren	II 2	**2**
permettre	erlauben	IV 2	**19**
permettre à qn de faire qc	jdm. erlauben, etw. zu tun	IV 2	
[photographier]	fotografieren	III M2	**1a**
[pique-niquer]	ein Picknick machen	II 7Z	**1a**

se plaindre*	sich beschweren, sich beklagen	III 5	**37**
se plaindre* de qn/qc	sich über jdn./etw. beschweren, sich über jdn./etw. beklagen	III 5	
plaire	gefallen	<I 5>; II 3A	**9**
plaire à qn	jdm. gefallen	II 3A	
[planter]	pflanzen; *(hier)* etw. errichten	IV M3	**1a**
[se planter* *(fam.)*]	abstürzen *(ugs.)*	III M2	
pleurer	weinen	II 7A	**1a**
pleuvoir	regnen	II 1	**21**
plonger	tauchen	IV 5 S. 5	**1f**
porter	tragen	I 7	**1a**
poser	setzen/stellen/legen	I 2	**1a**
poser sa candidature à qc	sich bewerben auf etw.	IV 2	
[poser un lapin à qn *(fam.)*]	jdn. versetzen *(ugs.)*	IV M1C, 4	
[poursuivre]	*(hier)* fortfahren	II 8Z	**32**
pouvoir	können	I 6B	**10**
pouvoir faire qc	etw. tun können	I 6B	
préférer	vorziehen, lieber mögen	II 5	**1d**
préférer faire qc	etw. lieber tun	II 5	
prendre	nehmen	I 7	**13**
prendre des notes	Notizen machen	II 2, 2	
prendre peur	Angst bekommen	IV 1	
prendre position sur qn/qc	zu jdm./etw. Stellung beziehen	III 3, 7	
prendre une photo de qn/qc	ein Foto von jdm./etw. machen	I 8	
préparer	vorbereiten	I 4	**1a**
présenter	vorstellen	II 4	**1a**
présenter qc à qn	jdm. etw. vorstellen	II 4	
[se présenter*]	sich vorstellen	IV M1A	
prétendre	behaupten	IV 4	**2**

prier	bitten	IV 2	**1a**
prier qn de faire qc	jdn. bitten, etw. zu tun	IV 2	
[**profiter**]	(aus)nützen	<II 1Z>; III M3	**1a**
[profiter de qn/qc]	jdn./etw. (aus)nutzen	<II 1Z>; III M3	
se promener*	spazieren gehen	II 7B	**1c**
promettre	versprechen	IV 4	**19**
promettre à qn de faire qc	jdm. versprechen, etw. zu tun	IV 4	
proposer	vorschlagen	<II 8B>; III 1	**1a**
proposer à qn de faire qc	jdm. vorschlagen, etw. zu tun	III 1	

Q

quitter	verlassen	I 2	**1a**

R

racketter	(Schutzgeld) erpressen	IV 4	**1a**
raconter	erzählen	I 3A	**1a**
ramasser	aufheben/einsammeln	I 2	**1a**
ranger	aufräumen	II 5E	**1f**
rater	verpassen	II 4	**1a**
rattraper	(wieder) einholen	III 5, 7	**1a**
[**réagir**]	reagieren	II 8Z	**3b**
réaliser	verwirklichen	IV 2, 12	**1a**
recevoir	empfangen	II 2	**27**
reconnaître	wieder erkennen	II 3A	**22**
refaire	erneuern, neu machen, noch einmal machen	II 3A	**6**
réfléchir	nachdenken, überlegen	II 4	**3b**
reflexive Verben*		II 7B	**1a***
regarder	sehen/ansehen/ betrachten	I 2E	**1a**
regretter	bedauern	IV 3, 6	**1a**

VERBENLISTE

[**remarquer**]	bemerken	IV M2	**1a**
remercier	bedanken	<I 9A>; <II 9>; IV 2	**1a**
remercier qn de/pour qc	jdm. für etw. danken, sich bei jdm. für etw. bedanken	IV 2	
[**remonter***]	(wieder) hinaufsteigen	IV M2	**1a**
rencontrer	treffen, begegnen	I 8E	**1a**
rendre	abstatten	IV 4	**2**
rendre visite à qn	jdn. besuchen	IV 4	
rentrer*	heimgehen, heimkommen	II 1,2	**1a**
renvoyer	verweisen	IV 1	**26**
renvoyer qn de qc	jdn. von etw. verweisen	IV 1	
repartir*	(wieder) weggehen; *(hier)* wegfahren	III 5	**3a**
répéter	wiederholen	<I 8, 14>; II 5, 2	**1d**
répondre	antworten	I 8	**2**
répondre à qn	jdm. antworten	I 8	
représenter	vertreten, darstellen, verkörpern	<III M3>; IV 4, 5	**1a**
[**réserver**]	reservieren	<II 7Z>; II 9	**1a**
respecter	achten	I 2	**1a**
rester*	bleiben	I 3A	**1a**
résumer	zusammenfassen	III 1, 1	**1a**
[**retourner***]	zurückkehren	III M3	**1a**
[retourner qc]	etw. umdrehen, etw. wenden	IV M3	
retrouver	wieder finden; *(hier)* treffen	<II 2>; III 1	**1a**
réussir	gelingen, schaffen, fertigbringen	II 4	**3b**
réussir à faire qc	gelingen, etw. zu tun; etw. fertigbringen	II 4	
revenir*	zurückkommen	II 1	**8**

rêver	träumen	I 3A	**1a**
rêver de qc	von etw. träumen	I 3A	
réviser	wiederholen; überprüfen	IV 4	**1a**
revoir	wiedersehen	II 3A	**20**
rigoler	lachen *(ugs.)*	I 8	**1a**
rire	lachen	II 4	**28**
rouler	fahren	III 5	**1a**

S

s'/se + Verb*	reflexive Verben	II 7B	**1a***
saluer	(be)grüßen	II 3E	**1a**
[sauver]	retten	<III M1>; IV M2	**1a**
savoir	wissen	I 6B	**11**
savoir faire qc	etw. tun können *(wissen, wie es geht)*	I 6B	
sentir	riechen, fühlen	III 3; <III M2>	**3a**
se sentir*	sich fühlen	<II 1Z>; III 3	
signer	unterschreiben	II 1	**1a**
soigner	pflegen	III 2	**1a**
sonner	klingeln	I 3B	**1a**
sortir*	hinausgehen, hinausfahren; ausgehen	<I 9A>; II 1	**3a**
[sortir*]	*(hier)* herauskommen, erscheinen	IV M1C, 5	
sortir* de qc	(aus etw.) hinausgehen, hinausfahren; ausgehen	<I 9A>; II 1	
souffler	wehen, blasen	IV 5 S. 2	**1a**
souhaiter	wünschen	IV 1	**1a**
souligner	unterstreichen	III 1, 3	**1a**
sourire	lächeln	IV 2	**28**
[sous-titrer]	untertiteln	IV M1C, 5	**1a**
[se souvenir*]	sich erinnern	IV M3E	**8**

[se souvenir* de qn/qc]	sich an jdn./etw. erinnern	IV M3E	
suffire	ausreichen, genügen	IV 5 S. 3	**40**
suivre	folgen	III 4	**32**
[surfer]	surfen	IV M2	**1a**
[surprendre]	überraschen	II 8Z	**13**

T

taguer	Graffiti anbringen, sprühen	IV 4 E	**1a**
téléphoner	telefonieren	I 3A	**1a**
téléphoner à qn	mit jdm. telefonieren/ jdn. anrufen	I 3A	
tenir	halten	<I 1>; IV 1	**8**
[terminer]	beenden, fertigstellen	<I 9B>; III M2	**1a**
[se terminer* par qc]	mit etw. (ab)schließen	IV M1C, 5	
tomber*	fallen	<I 8Z>; II 2	**1a**
tomber* amoureux de qn	sich in jdn. verlieben	IV 1	
tomber* dans les pommes *(fam.)*	aus den Socken kippen *(ugs.)*, in Ohnmacht fallen	IV 4	
[tomber* malade]	krank werden	II 8A	
tourner	abbiegen, drehen	I 5	**1a**
tourner mal	eine schlechte Wende nehmen	IV 1	
tourner qc	etw. drehen	I 6A	
traduire	übersetzen	IV 3	**31**
travailler	arbeiten	I 4, 12	**1a**
travailler sur qc	etw. erarbeiten, an etw. arbeiten	II 5, 13	
traverser	überqueren	I 5	**1a**
trembler	zittern	<II 9Z>; IV M2	**1a**

[**tricher**]	mogeln; *(hier)* abschreiben	II 4, Z.	**1a**
trouver	finden	I 2E	**1a**
se trouver*	sich befinden	II 7B	
tuer	töten, umbringen	<II 9>; IV 5 S. 3	**1a**

V

varier	sich verändern; *(hier)* schwanken	IV 5 S. 1	**1a**
vendre	verkaufen	I 8	**2**
venir*	kommen	<I 9B>; II 1	**8**
[venir* chercher qn]	jdn. abholen kommen	<I 9B>; III M2	
venir* de faire qc	gerade etw. getan haben	II 4	
[venir* voir qn]	jdn. besuchen (kommen)	II 9	
visiter	besichtigen	I 3A	**1a**
vivre	leben	<II 1Z>; II 3E	**23**
Vive ...!	Es lebe ...!	IV 3E	
voir	sehen	<I 9B>; II 1	**20**
[venir* voir qn]	jdn. besuchen (kommen)	II 9	
voler	stehlen	I 5	**1a**
[**voter**]	wählen, seine Stimme abgeben	II 4, Z.	**1a**
vouloir	wollen	I 6B	**12**
vouloir faire qc	etw. tun wollen	I 6B	
voyager	fahren, reisen	III 3	**1f**

LÖSUNGEN

Leçon 1

1. **a)** laissions; **b)** prennent; **c)** sachent; **d)** puisse; **e)** aille; **f)** aie; **g)** soyez; **h)** fasses; **i)** tiennes; **j)** attendes; **k)** choisisse.
2. **a)** Il faut qu'ils aillent au supermarché. **b)** Il ne faut pas que tu aies peur. **c)** Il ne faut pas qu'ils partent. **d)** Il ne faut pas que vous renvoyiez cet élève. **e)** Il faut que nous nous habillions chic. **f)** Il faut faut que je sache où est Paul.
3. portions (Subj.); achetions (S); ayons (S); connaisse (S); renvoie (S); peuvent (Ind.); est (I); changera (I); aillent (S); sachent (S); est (I); puisse (S); veuillent (S).

Leçon 2

1. **Imparfait:** il nettoyait; elles remerciaient; vous creusiez; vs. vs. aperceviez; elle souriait; elle passait; ils écrivaient; je menais; **Futur simple:** tu souriras; vous serez; ns. ns. engagerons; tu prieras; tu remercieras; je ferai; ns. ns. apercevrons; elle sera; tu apprendras; tu recevras; **Cond. prés.:** nous irions; il recevrait; ils participeraient; elle poserait; nous écririons; ils permettraient; tu t'apercevrais; vous souririez; nous nettoierions; je m'engagerais.
2. **a)** tu chercherais; **b)** ils répondraient; **c)** vous diriez; **d)** je serais; **e)** elle finirait; **f)** nous achèterions.
3. **a)** Nettoierais-tu? **b)** Könntest du …? **c)** ils/elles enverraient; **d)** Voudrais-tu? **e)** Je dirais que …; **f)** An deiner Stelle, würden wir gehen.
4. **a)** Si Paul trouve un squelette, il lui donnera son nom. **b)** S'il y avait le feu, j'aurais peur. **c)** Si les animateurs n'étaient pas sympas, aucun ne les remercierait à la fin des vacances. **d)** On retrouvera tous nos amis l'année prochaine si chacun veut refaire un stage. **e)** Caroline posera sa candidature si elle réussit le baccalauréat.
5. **a)** Quand; **b)** quand; **c)** si; **d)** Si.

LÖSUNGEN

Leçon 3

1. **a)** Je les répare./Je vais les réparer. **b)** Je le répare./Je vais le réparer. **c)** Je la répare./ Je vais la réparer. **d)** Il leur parle./ Il leur a parlé./Il va leur parler. **e)** Il lui parle./Il lui a parlé./ Il va lui parler. **f)** Il lui parle./Il lui a parlé./ Il va lui parler.
2. **a)** Elle y habite./Elle n'y habite pas. **b)** Elle y a habité./Elle n'y a pas habité. **c)** Elle va y habiter./Elle ne va pas y habiter. **d)** J'en viens./Je n'en viens pas. **e)** J'en suis venue./Je n'en suis pas venue. **f)** Je vais en revenir./Je ne vais pas en revenir.
3. **a)** Elle aime **les** chanter. **b)** Ils ne veut pas **y** goûter. **c)** Nous n'avons pas commencé à **le** traduire. **d)** Tu ne préfères pas **en** parler?

Leçon 4

1. **a)** Elle prétend ne pas mentir …; **b)** Nous vous remercions de ne pas abdiquer …; **c)** Vous l'avez aidé à ne pas tomber …; **d)** Ils nous ont promis de ne pas taguer …; **e)** J'espère ne pas réviser …; **f)** Elle a réussi à ne pas mêler …
2. avait envie d'; n'était pas capable de, a été/était la première à; est en train de; est prête à; n'a plus le temps de.
3. **a)** Si j'avais 80 ans, je ferais attention à ma santé. **b)** J'arrêterais le racket si j'étais Max. **c)** Je voyagerais beaucoup si j'étais journaliste. **d)** Si j'étais à ta place, j'étudierais le français.

Leçon 5

1. **a)** je **ne** veux **rien** manger; **b)** le volcan **n'**a détruit **aucune** plantation/**n'**a **rien** détruit; **c)** **aucun** (colon) **n'**était gentil avec les esclaves; **d)** l'esclave C. **n'**a pu parler à **personne**; **e)** **personne ne** plongera là où il y a des requins; **f)** **rien n'**a brûlé à Fort-de-France.
2. **Infinitiv/Präsens/Futur simple/Passé comp.: ils:** créer/ créent/ créeront/–; **il:** suffire/suffit/–/a suffi; **elle:** naître/naît/ naîtra/–; **nous:** grandir/–/grandirons/avons grandi; **je/j':** –/ couvre/couvrirai/ai couvert;